メタボ&リバウンド卒業!

50代からのダイエット成功メソッド

千葉ゆうすけ 著

セルバ出版

はじめに

数多くあるダイエット関連の書籍から本書を手に取っていただきありがとうございます。

突然ですが、あなたはこれまでに簡単で、手軽に、という謳い文句につられて実践したダイエットで、一時的には痩せたものの、気づくと元通り……むしろ前より太ったかも……そんな経験はありませんか?

それはダイエットの基礎、つまり正しい知識がなかったからです。ダイエットの正しい知識や考え方を覚えることで、効果の薄い一時的なダイエット情報に踊らされることがなくなります。

現代は飽食の時代となり、おいしい食べ物がどこでも手に入るようになりました。それに伴って生活習慣病の発症前の段階であるメタボリックシンドローム(通称メタボ)の数は増えつつあります。日本においてのメタボの割合は、50歳以上の男性の2人に1人、女性の4人に1人と言われています。

本書で詳しく解説していますが、メタボは内臓脂肪を減らすことで改善できます。特にメタボは肥満との関連が深いため、内臓脂肪を減らす正しいダイエットの方法を知ることが不可欠です。

申し遅れました、本書の著者でパーソナルトレーナーの千葉ゆうすけと申します。トレーナーの活動を始めてから13年、これまでにダイエットに悩む多くの方々をサポートしてきておりますが、実は私自身ぽっちゃりの肥満体型で、今よりも23㎏太っていたという過去があります。

ある出来事がきっかけでダイエットを決意し、試行錯誤をしながら約1年半をかけて23㎏減量し、

16年経った今でも全くリバウンドすることなく維持しています。

ただ、その自分自身のダイエット経験の中で失敗もしてきました。〇〇だけダイエットや過度なカロリー制限は、一時的には体重は減るもののすぐに戻る上に体調を崩しがちになってしまったのです。

そこで、今回本書で書いてあるような正しいダイエットを学び、実践したことで健康的に痩せることができました。

指導させていただいているお客さまも健康的に痩せられる方が多く、50代から始めて20kg以上減量し、数年キープしている方も複数名いらっしゃいます。それは無理なく正しい方法でダイエットをしているから、に他なりません。

私の目的はこれまで何度もダイエットに失敗してきた、ダイエットを始めたいけど何をやっていいかわからない、というダイエット迷子の方をなくすことです。

人生100年時代と言われている今、仮にあなたが50歳だとしてもあと50年あります。その50年をどんな身体で過ごしたいですか？

もしも今現在メタボで悩んでいる、失敗続きで今回は人生最後のダイエットにしたい、という方にぜひ本書を読んでいただきたいです。

本書に書いてあるダイエットの本質があなたの助けになれたら幸いです。

2023年9月

千葉　ゆうすけ

メタボ&リバウンド卒業！
50代からのダイエット成功メソッド　目次

第2章　50代からのダイエットのポイントと成功ストーリー

第3章　ダイエットを成功に導く必勝ステップ

第4章 痩せる栄養素、太る栄養素の見分け方

第5章 ダイエット効果を高める運動とは

第6章 リバウンドのメカニズムを知り、攻略しよう

第7章　健康的に痩せる土台は生活習慣にあり

第1章　肥満とメタボリックシンドローム

1　そもそも、なぜ人は太るのか？

まずは知ることから

身体の仕組みと痩せるメカニズムがわかっていれば、「このダイエット法は効果があるな」とか、「これはやってもムダ」などと判断することができます。今現在、巷には数多のダイエット法が存在しています。効果を得られないダイエット法に時間とお金を費やすのは、もうやめにしませんか？

確実に効果を出したいなら、ダイエットを始める前に、まずは人間が太る原因と身体の仕組みについて知っておく必要があります。面倒だと思うかもしれませんが、急がば回れ。本質をしっかり理解していただくことが、ダイエット成功の最短コースです。

肥満とは、生き延びるために必要なシステム

「人はなぜ太るのか？」

この答えは実に簡単です。必要なエネルギーを体内に蓄えようとする力が、人の身体に脂肪をつけさせるのです。

人が食事をしたときに、食べた分だけのエネルギーを体内で消費していれば、その人は太ることはありません。医学的には、消費しきれなかった分のエネルギーが脂肪として蓄積されて、肥満に

なると考えられています。

要は〝消費する以上に食べているから太る〟のです。

当たり前のことを言っているようですが、そもそもこれは世界保健機関（ＷＨＯ）が発表した説です。人が健康的な生活を送るために、あらゆる研究やデータを世界中に発信しているＷＨＯが、２００３年に「肥満の原因は、摂取エネルギー量と消費エネルギー量の不均衡にある」と発表しています。

そのＷＨＯが、「エネルギーの摂りすぎこそ肥満の最大の原因」としてきたため、この「エネルギー定説」が、世界中の人々の間で信じられてきました。

私たちの身体をつくる栄養素は３つ

ダイエットについての理解を深めるため、エネルギーについてお話しさせてください。

先ほど、「エネルギーの摂りすぎこそ肥満の最大の原因」とお伝えしました。では、どんなエネルギーが私たちの身体はつくられているのでしょうか？

その答えは、主に炭水化物、脂質、タンパク質の３つです。

食べ物にはこの３つの栄養素が含まれています。これらは、それぞれが体内で1gあたり、炭水化物は４㎉、脂質は９㎉、タンパク質では４㎉のエネルギー量になります。さらに炭水化物は、糖質と食物繊維に分けられますが、人の消化酵素では食物繊維を分解することができません。炭水化物の中で人のエネルギーになるのは糖質だけです。覚えておいてくださいね。

消費エネルギーの内訳

炭水化物、脂質、タンパク質。これら、人のエネルギーとなる栄養素は、口に入った後は、呼吸から取り込まれた酸素を使って体内で酸化分解され、その人の身体のエネルギーをつくり出します。

「肥満とエネルギーの消費には大きな関係がある」ことは、最初にお伝えしました。そして、人の体内に取り込まれ、酸化分解されてつくり出されたエネルギーは、1日のうちで、

①基礎代謝
②活動代謝
③DIT(食事誘発性熱産生)

の3つに使われます。

基礎代謝に約60%、活動代謝に約30%、DITに約10%の割合です。つまり、基礎代謝＞活動代謝＞DITの順にエネルギーは使われるのです。

次に、基礎代謝、活動代謝、DITの消費エネルギー量についてもそれぞれ説明していきましょう。

①「基礎代謝」——最も消費エネルギー量が多い代謝

人の身体は内臓の活動や体温維持など、生命を維持していくためにエネルギーが必要です。この

必要最低限のエネルギー（消費量）のことを基礎代謝と言います。つまり「何もせず、じっとしていても消費されていくエネルギー」のことです。

基礎代謝は身体の各部位で行われますが、それぞれ消費される割合が異なってきます。骨格筋が約22%、肝臓が約21%、脳が約20%を占めていて、ほかの脂肪組織や心臓、腎臓などは10%を切ります。

基礎代謝は年齢を重ねるとどんどん減る傾向にあるのですが、内臓に関しては、年齢を重ねても機能不全などの病気にならない限り、代謝量の低下にさほど影響を与えません。

②「活動代謝」——代謝率は想像よりも低い

活動代謝とは、仕事や運動など、日常生活で身体を動かすことにより消費されるエネルギーを指します。身体を使う労働をしていたり、毎日の運動習慣が身についているなどの活動量が多い人は、活動代謝量も多いです。一方、デスクワークが多く普段からあまり運動をしない人は、活動代謝の量が少なくなります。

イメージ的には、身体が使うエネルギーの中では、この活動代謝の占める量が最も多いように感じるかもしれませんが、実は基礎代謝のほうが消費エネルギー量が多いです。先ほど述べたように、活動代謝に使われるエネルギーは、全体の30%ほどです。

③「DIT」（食事誘発性熱産生）——食べることでエネルギーが消費される

ＤＩＴとは、食事の際に起こるエネルギー消費のことです。人の身体はものを食べているときや食べた後に、消化液をつくりだしたり、消化管で吸収したりします。こうして食事で摂取した物質を内臓が代謝することでエネルギーが消費されます。

食べることでエネルギーが消費されるなんて、ちょっと意外ですよね。

３大栄養素のうち、何を摂取するかによっても、消費されるエネルギー量は異なってきます。炭水化物（糖質）で約６％、脂質で約４％、そしてタンパク質だとなんと約30％と、タンパク質を摂取した後の消費エネルギー量が最も多くなるのです。

つまりタンパク質中心の食事にすることで、ＤＩＴをアップさせることができます。

ダイエット成功のために、まずは自分の基礎代謝を知ろう

ダイエットの成功は、基礎代謝、活動代謝、ＤＩＴ。この３種類の消費エネルギー量をいかにコントロールするかにかかっています。

そのために、まずは自分の基礎代謝を知る必要があります。

基礎代謝とは、生きていくうえで最低限必要なエネルギーであること、そして身体が使うエネルギーとしては、最も量を必要とすることはすでにお伝えした通りです。

そして、これが最大のポイントなのですが、脂肪を蓄えにくい身体をつくり、さらに身体につい

た脂肪を健康的に落としていくためには、摂取エネルギーが基礎代謝を下回らないようにしなければなりません。つまり、基礎代謝に使われる分はきちんと食べる必要があるということ。摂取エネルギーを抑えるだけ抑えるのが痩せる最短コースと思ったら、大間違いです！

※第4章で、基礎代謝と摂取カロリーを知るための計算式を紹介します。ぜひ参考にしてみてください。

基礎代謝を下回る食生活を続けるとかえって痩せにくくなってしまう

基礎代謝を下回った食生活を続けると、身体は〝生命の危機に瀕している状態だ〟と判断し、消費エネルギーを極力抑えて、脂肪をなるべく溜め込もうとします。そのため、逆に痩せにくい身体をつくってしまうことになります。

食べずに痩せたとしても、身体の維持装置を壊して体調を崩しては何の意味もありません。ダイエットをするには、「何をどれだけ食べないか」ではなく、むしろ「何をどれだけ食べるか」が重要になってきます。

体内の脂質には、「中性脂肪」「脂肪酸」「コレステロール」「リン脂質」の4種類があり、「中性脂肪」が9割を占めます。

中性脂肪は、エネルギー源であるブドウ糖が不足した場合、それを補うためのエネルギー源ですが、中性脂肪が必要以上に溜まってくると肥満になってしまいます。

ですので、この「中性脂肪」をいかにコントロールするのかが、ダイエットにはとても重要になります。

そこで、まずは何を食べると脂肪になり、肥満につながるのかを知っていただきたいと思います。

2　食べ物が脂肪に変わるメカニズム

炭水化物はこうやって脂肪に変わる

炭水化物は、糖質と食物繊維に分けられます。草食動物は、食物繊維を分解できる酵素をもっているため、食物繊維もエネルギーとして使うことができます。しかし私たち人間は食物繊維を分解する酵素をもっていないため、炭水化物の中でエネルギー源になるのは糖質のみです。

糖質は体内で酵素によって吸収しやすいブドウ糖（グルコース）に分解され、小腸で吸収されます。吸収されたブドウ糖は肝臓へと運ばれ、血流に乗って全身へ運ばれます。

ブドウ糖の一部は、肝臓と筋肉の働きでグリコーゲンに変わり、肝臓と筋肉に貯蔵されます。ただし、グリコーゲンとして蓄えることができる量には限りがあります。

糖質の一部が脂肪細胞へ取り込まれる前にエネルギーとして使うのが大事！

糖質の摂取量が多くなり、グリコーゲンの過剰な状態が続くと、肝臓と筋肉にあるグリコーゲンの貯蔵庫にブドウ糖が収まらず、中性脂肪へと変化します。そして、白色脂肪細胞内に脂肪として蓄えられます。

脂肪細胞に蓄えられた脂肪は、エネルギーに変換するのが難しくなってしまいます。つまり、そのまま脂肪として定着しやすくなるわけです。

そこで肥満を防ぐためには、ブドウ糖の一部がグリコーゲンとなっている間にエネルギーに変えることが重要です。要はブドウ糖が脂肪に変わる前（8～12時間以内）に貯蔵庫に余力を持たせたいので、貯蔵庫に収まりきらなかったブドウ糖を運動で消費したり、次の食事で糖質を調整するなどの対策が必要になってくるわけです。

要は、食べすぎたら脂肪になる前の8～12時間以内に運動したり、糖質を控えましょう、ということですね。

脂質が脂肪に変わるメカニズム

糖質に続いて、脂質がどうやって脂肪へと変わるのか、そのメカニズムを解説しましょう。

脂質は、そのままでは血液やリンパ管に入ることはできず、一旦、酵素で遊離脂肪酸とグリセロールなどに分解されます。

脂肪酸とグリセロールは小腸に吸収され、小腸壁で中性脂肪に合成されます。そしてコレステロールなどと結合して、リンパ管や血液を介して肝臓に運ばれます。肝臓では脂肪酸の合成・分解のほかにコレステロールやリン脂質の合成が行われます。

また、血液中の脂質は、脂質の運び屋さんのような働きをするリポタンパク質と結合して脂肪細胞に送られて、中性脂肪になり、貯蔵されます。

脂肪になるルートがないタンパク質

次に、タンパク質について説明します。

食品に含まれるタンパク質は、胃液や膵液に含まれる消化酵素によってアミノ酸に分解されます。アミノ酸は小腸から吸収され、グルコースと同じように肝臓へと運ばれ、全身に必要となるタンパク質や酵素、ホルモン、神経伝達物質など毎日約50gが合成されます。

過剰となったアミノ酸は、肝臓のアミノ酸プールに溜め込まれ、エネルギー源のグルコースや脂肪酸が不足したときのみグルコースに変化してエネルギーとして使われます。余ったアミノ酸は、肝臓の働きで有害なアンモニアから無毒な尿素にされ、排泄されます。

つまり、糖質と脂質には脂肪になるルートがありますが、タンパク質には脂肪になるルートがありません。

また、年齢を重ねると、若い頃と同じ量のタンパク質をとっても、そこから筋肉を合成する反応が低下するという問題があります。これを「タンパク質の同化抵抗性」といいます。

50代からのダイエットでは、タンパク質をいかに効率よく摂るかが重要となります。

3　メタボリックシンドロームとは

そもそもメタボって何？

「メタボリックシンドローム」、通称「メタボ」すっかり浸透した言葉です。しかし、その基準を知っている人は意外と少ないかもしれません。

メタボは内臓脂肪の蓄積に加えて、「脂質」「血圧」「血糖値」のうち2つ以上の項目が基準を超えている状態を指します。

メタボリックシンドロームの診断基準

・ウエストサイズ（腹囲）

男性で85㎝以上、女性で90㎝以上の基準値をオーバーし、次の項目のうち、2つ以上が当てはまれば、メタボリックシンドロームと言われています。

・脂質

中性脂肪値が150㎎／dl以上か、HDLコレステロール値が40㎎／dl未満、またはその両方に当てはまる。

・血糖値
空腹時血糖値が１１０㎎／dl以上
・血圧
収縮期血圧が１３０ｍｍＨｇ以上か、拡張期血圧が85ｍｍＨｇ以上またはその両方に当てはまる。

メタボ予備軍はさらに多い

メタボは動脈硬化になるリスクが非常に高く、健康上とてもキケンな状態です。

「予備群」と診断された方は、おそらく内臓肥満があって、血圧、血糖、そして脂質のうちのいずれか1つの項目に異常をきたしている状態が考えられます。実はこの「メタボ予備群」はとても多いです。

厚生労働省の調査結果によると、60～74歳では、男性の2人に1人、女性の5人に1人が、メタボが強く疑われる、または予備群と考えられています。

また、日本全体ではメタボの該当者は約９６０万人、予備群は約９８０万人といわれています。本格的なメタボになる前に、ダイエットを行うなど生活習慣の改善に努めるようにしましょう。

私のパーソナルトレーニングを受けに来られるお客さまの中にも、メタボ予備軍に該当する方も多くいらっしゃいます。その方々も本書に書いてある内容を実践し、見事メタボ予備軍から抜け出し、健康的でスリムな身体を手に入れています。

4　肥満の2種類のタイプ

肥満には「健康な肥満」と「不健康な肥満」がある

脂肪には大きく分けて2つのタイプがあります。それは「内臓脂肪」と「皮下脂肪」です。人間の体内の脂肪のうち、20％が内臓脂肪で、残りの80％が皮下脂肪となっています。ちょっとぽっこりしたお腹の人に多く見られる体型は、この内臓脂肪がたくさん集まったタイプの肥満です。これをリンゴ型肥満（内臓脂肪型肥満）と呼んでいます。一方、太ももやお尻に脂肪がつきやすい人は、洋ナシ型肥満（皮下脂肪型肥満）と呼ばれます。

健康に影響を及ぼすのはどちらかというと、内臓脂肪型肥満です。これは生活習慣病、例えば糖尿病、高血圧、脂質異常病などのリスクが高まるためです。つまり、ぽっこりとしたお腹は、健康にとってよくない状態を表しています。

内臓脂肪型肥満のリスク

では、なぜ内臓脂肪型肥満は生活習慣病のリスクが高くなるのでしょうか？　その理由は2つあります。

1つ目は、「脂肪肝」の発症です。内臓脂肪は皮下脂肪よりも簡単に分解されます。ぽっこりお腹になると、内臓脂肪が分解されて血液中に脂肪酸が放出されます。この脂肪酸は、肝臓へと運ばれてしまいます。すると肝臓に脂肪がたまってしまい、「脂肪肝」ができてしまうのです。脂肪肝は心疾患のリスクを高め、生活習慣病の原因になります。

2つ目の理由は、「アディポサイトカインの分泌異常」です。脂肪細胞は、体のエネルギーのバランスを調整するための物質を分泌しています。これをアディポサイトカインといいます。しかし、内臓脂肪が多くなると、これらの物質の分泌がおかしくなってしまいます。結果として糖尿病や高血圧などのリスクが高まります。

ですので、内臓脂肪型肥満は「不健康な肥満」とされるわけです。つまり、内臓脂肪を減らすことは、生活習慣病のリスクを減らすという大切な意味があります。ダイエットで体重を落とすだけではなく、内臓脂肪を減らすことが真のダイエットの成功と言えるでしょう。

5　メタボの元凶となる内臓脂肪に関する疑問

そもそも体脂肪、内臓脂肪って何？

内臓脂肪は健康を損なう元凶となると述べましたが、なぜ内臓脂肪が体に悪いのでしょうか。そもそも内臓脂肪とは何でしょうか。

ここではよく聞かれる質問をもとに、内臓脂肪についてQ＆A方式でわかりやすく説明していきたいと思います。

体脂肪には3種類あり、内臓脂肪は「お腹がぽっこり出る」のが特徴です。

①皮下脂肪

文字どおり、皮下、皮膚のすぐ下につく脂肪です。体温を維持したり、エネルギーを蓄えたり、外からの衝撃から身を守るクッションの役割を果たします。

②内臓脂肪

お腹のまわりにつく脂肪です。ぽっこりお腹の原因になり、その腹囲がメタボリックシンドロームの診断基準のひとつになります。

③異所性脂肪

皮下脂肪、内臓脂肪に続く「第三の脂肪」といわれています。皮下脂肪や内臓脂肪の脂肪組織に入りきらなくなった脂肪が、本来つくはずのない心臓や肝臓などの臓器やその周囲、さらには筋肉などに蓄積されたものです。この3つをまとめて「体脂肪」と呼びます。

内臓脂肪は、お腹のどこにつくの？

↓お腹の中の「腸間膜」という膜に蓄積します。

内臓脂肪というと、「胃や肝臓にベッタリついた脂肪」というイメージをもつ人が多いかもしれませんが、実はこれは間違いです。

お腹を断面図にしてみると、「皮下脂肪」の下には腹筋があり、その下につくのが「内臓脂肪」です。胃や腸のまわりには「腸間膜」という膜があり、腸を固定する役目をしています。内臓脂肪は、この腸間膜に蓄積するのです。

内臓脂肪が増えるにつれ、お腹が脂肪で埋め尽くされていき、次第に「お腹ぽっこり」の状態になります。

内臓脂肪は、自分でも測れる?

↓簡易的であれば、自宅にあるメジャーで測ることができます。

内臓脂肪は正確には専用の機器を使って測りますが、自分で簡易的に測ることもできます。内臓脂肪は腹囲と相関関係にあり、腹囲を測ることで、予測がつきます。

さらに、ＢＭＩも計算してみてください。次のような数字であれば「内臓脂肪型肥満」といえます。

・腹囲　男性　85㎝以上、女性　90㎝以上
・ＢＭＩ　25以上
※ＢＭＩ（kg／㎡）＝体重（kg）÷身長（m）÷身長（m）

これは内臓脂肪の面積でいうと、ほぼ１００㎠以上に相当します。一般的に人は、歳を重ねると体重が増加します。20歳以降に増えた体重は、ほとんどが脂肪とされます。しかもそれは内臓脂肪

である可能性が高いです。

あなたは20歳のときより体重が増えていますか？　もし10kg以上増えているのなら要注意です。ぜひ健康のためにダイエットに励みましょう。

内臓脂肪は落ちにくい？

→内臓脂肪はつきやすいが、「ちょっとした努力」でどんどん減らせます！

ドーンと突き出したお腹を見ると、

「この脂肪を落とすのは相当大変だろう」

「ちょっとやそっとのことでは落ちないだろう」

と思ってしまいますが、大丈夫です。内臓脂肪は「落としやすい」という特徴があります。内臓脂肪は食べ過ぎや運動不足により急速に蓄積します。しかしその一方で、食事改善や運動などのエネルギー消費により、急速に減少します。これに対して、皮下脂肪はそうそう減りません。内臓脂肪は食事や運動などちょっとの努力をするだけでも、減らすことができるのです。希望が見えてきたのではないでしょうか。


本書で紹介しているダイエットメソッドを実践することで、着実に内臓脂肪を落とすことができます。しかしその一方で安易に偏ったダイエット法に手を出し、一時的には体重は減ったがリバウンドをしてしまい、逆に内臓脂肪が増えてしまうなど内臓脂肪を軽視している人がいるのも事実。

次項では、キケンすぎる内臓脂肪のリスクについてご紹介します。

6　キケン過ぎる内臓脂肪の8大リスク

内臓脂肪には「8大リスク」が潜んでいる

内臓脂肪の困ったところは、「見た目がカッコ悪い」以上に、私たちの身体に悪影響をもたらし、さまざまな病気のリスクを上げてしまうところにあります。体脂肪の中でも、内臓脂肪の増加はメタボの原因となるなど、本当に「タチが悪い」のです。

では内臓脂肪がなぜ健康を損ねるのか、どんな病気のリスクを高めるのか、8項目にまとめてみました。

①内臓脂肪は「高血糖」「糖尿病」を引き起こす

内臓脂肪の増加は「糖尿病」と「食後高血糖」のリスクを高めます。なぜなら、内臓脂肪が増えると、糖分を全身の細胞に取り込む役割を持つ「インスリン」というホルモンの効果が弱まるからです。

このインスリンの働きが弱まる背景には、内臓脂肪から出る活性物質の影響があります。この物質がインスリンの正常な機能を妨げ、内臓脂肪が増えれば増えるほどその影響は強まります。

インスリンの働きが悪化すると、血中の糖分が細胞に十分取り込まれず、食後の血糖値が急激に上昇します。体はこの高血糖状態を正常に戻そうとして、さらに多くのインスリンを分泌しますが、過剰なインスリンは血糖値を過度に下げ、逆に低血糖を引き起こす可能性さえあります。

そして、食後の血糖値の急激な上昇と下降は、人々を疲れやすくさせ、空腹感を増強させる原因となります。その結果、過食や運動不足のリスクが高まり、内臓脂肪とインスリンの不均衡はさらに悪化します。

さらに悪いことに、インスリン自体には脂肪を蓄積する効果もあり、これが内臓脂肪の増加を助長します。このような状態が続くと、すい臓が正常な量のインスリンを分泌する能力が低下し、結果として糖尿病や高血糖状態が引き起こされるリスクが高まるということになります。

②内臓脂肪は「高血圧」を引き起こす

インスリンの過剰分泌は、別の困った問題も引き起こします。それが「高血圧」です。

インスリンと高血圧は一見あまり関係なさそうですが、じつは大いに関係しています。過剰なインスリンは交感神経を刺激するなどして、高血圧を引き起こしてしまうのです。

また、肥大した脂肪細胞からは血管を収縮させる作用をもつ「アディポサイトカイン」も分泌され、これも血圧を上げる一因となります。中高年になると高血圧の人はとても多くなりますが、放っておくと脳卒中や心臓病などの怖い病気が起こりやすくなり、要注意です。降圧剤を飲んでいる人も多いのですが、高血圧は食事や運動に気をつけて「自分で」治す努力をすることによって、内服薬を減らしたり、時には治療を中止することだって可能な場合です。

高血圧を正常化へ向ける方法のひとつが、正しいダイエット、すなわち内臓脂肪を減らすことなのです。実際に私のメソッドでダイエットに成功し、薬の服用から解放されたお客さまは第4章で紹介しています。

③内臓脂肪は「動脈硬化」を引き起こす

内臓脂肪の蓄積は動脈硬化の進行と深く関わっており、その結果として血管が狭くなるリスクが高まります。この状態で血液が詰まると、心筋梗塞や脳梗塞が発生し、最悪の場合、突然死を引き起こすことも考えられる非常に危険な状態です。

では、内臓脂肪の増加がなぜこれらのリスクを高めるのでしょうか。一因として「アディポネクチン」という物質が挙げられます。この物質は、糖尿病や動脈硬化の予防に役立つのですが、内臓脂肪が蓄積することでその分泌が低下し、動脈硬化を引き起こすリスクが増加します。

さらに、内臓脂肪の増加により「PAI-1（パイワン）」というアディポサイトカインの一種が増えます。このPAI-1の増加は血液の塊、すなわち血栓を形成しやすくするため、動脈硬化やそれに関連する血管のトラブルの原因となるのです。

④内臓脂肪の蓄積は「がん」の発症リスクを高める

内臓脂肪の増加は、がんのリスクを高めることが、国際がん研究機関（ＩＡＲＣ）によって指摘されています。それも、10種類以上のがん、例えば大腸がんや胃がん、肝臓がんなどのリスクが増大すると言われており、腹囲の増加と共に、がんの発症リスクも上昇します。

内臓脂肪からは、炎症物質が放出され、この炎症物質が体内で慢性の炎症を引き起こし、がんの発症や進行に影響するとされています。アメリカでは、がんと肥満の関連が強調されており、米国立衛生研究（ＮＩＨ）は、肥満が将来、喫煙を超える主要ながんのリスク因子になる可能性があると発表しています。

⑤内臓脂肪の蓄積は、「認知症」の発症リスクを高める

内臓脂肪と認知症、まったく関係なさそうなこの2つが、じつは大いに関係しています。アメリカの研究では、中年期に腹部肥満だった人は、高齢期以降にアルツハイマー型認知症を発症するリスクが3倍高くなることがわかっています。そして、アジア人を対象とした研究においても、メタボリックシンドロームでは認知症の前段階である軽度認知障害の発症リスクが1・4倍高まることも報告されています。

内臓脂肪の蓄積を背景としたメタボリックシンドロームは、動脈硬化の原因となり、認知症につながる脳梗塞や脳出血の発症リスクを高めます。

また、血糖を下げるインスリンには神経を保護する作用がありますが、メタボリックシンドロームになるとインスリンの働きが悪くなることから、その保護機能が低下して脳神経の変化が進む可能性もあります。さらに高血糖の状態が、記憶を担う脳の「海馬」という部分の萎縮を促し、記憶力の減退に拍車をかける可能性も考えられています。

⑥内臓脂肪は「肩こり」「腰痛」を引き起こす

「別に肩がこるようなことをしていないのに、なぜか肩こりがする」

「最近は、なぜか腰痛がひどいんだよね」

原因不明の肩こり、腰痛。その原因がじつは「内臓脂肪」にあるかもしれません。内臓脂肪がつくと、お腹が出ます。するとバランスをとるために、反り返る形になります。この姿勢は腰や背中にかなりの負担をかけるため、肩こりや腰痛の原因となります。

⑦内臓脂肪はさらなる「食欲」の引き金になる

「内臓脂肪が増えれば増えるほど、食欲が抑えづらくなる」という困った現実があるのをご存じでしょうか。それはいったいどういうことなのでしょう。

「レプチン」というホルモンがあります。

これは脂肪細胞から放出されるホルモンで、脳の満腹中枢に対して「お腹いっぱい」というサインを送り、食欲を抑制します。普通は脂肪が増えるにしたがって「レプチン」の放出量も増えるため、体重を適正に保つことができます。

しかし内臓脂肪が増えすぎてしまうと、この「レプチン」に対する脳の感受性が低下して、お腹いっぱいになっても、食欲を抑えることができなくなる可能性があるのです。

つまり、太りすぎてくるとかえって食欲が止まらなくなり、ますます太りやすくなっていくという悪循環に陥ってしまう危険性があるのです。

よく、太っている人ほど食欲を抑えきれずに食べてしまうといいますが、その一因が内臓脂肪増加に伴う「レプチン」の感受性低下（レプチン抵抗性）にあると考えられています。

⑧内臓脂肪が増えると「死亡リスク」が高まる

ちょっと怖い話になってしまいますが、内臓脂肪が多いと「死亡リスク」が高まるという報告があります。

アメリカのメイヨー・クリニックが18歳以上の一般人1万2785人を対象として行った調査によると、ＢＭＩが「普通体重」であっても、内臓脂肪型肥満と判断された人は、そうでない人に比べて、死亡リスクが2倍以上高まることがわかったといいます。

とくに、心血管疾患における死亡リスクは2・15倍にもなるとされています。「お腹は出ているが、体重は標準の範囲内だから大丈夫」と安心してはいられないということです。

主に内臓脂肪がさまざまな生活習慣病を引き起こす話をしてきましたが、寿命まで縮めてしまったら、どうしようもありません。ご自分のためにも、大切な人のためにも、危機意識をもって内臓脂肪を減らす努力をしていただきたいと思います。

7 メタボより怖い「サルコペニア肥満」とは

サルコペニア肥満はリスクだらけ

筋肉が少なく、脂肪が多くついた状態を「サルコペニア肥満」といいますが、これは通常の肥満よりも生活習慣病になる可能性が高いです。また筋肉が減ることで運動機能が低下し、日常生活に支障が生じ、将来的寝たきり、要介護になるリスクも高まります。

このため「サルコペニア肥満」はメタボより怖いといわれています。サルコペニア肥満は高齢者に多いのですが、若い年代でもなります。

特に若い女性においては、無理なダイエットを行った結果、肥満体には見えなくてもぷよぷよの体になってしまう「サルコペニア肥満」になるケースが増えています。

この状態は、身体の筋肉と脂肪組織のバランスが乱れているため、適切な栄養と運動が重要です。適度な運動（特に筋トレ）は筋肉量を維持し、増加させるのに役立ちます。また、バランスの取れた食事や栄養補助食品を摂取することも重要です。

8　内臓脂肪を減らしてこそ真のダイエット

体重よりも健康を

ラドバウド大学医療センターによる研究では、食事制限は体重減少に効果的である一方、運動は内臓脂肪の減少に効果があることが示されました。

これは、ダイエットの目標が単に体重を減らすだけでなく、健康全体を向上させることであるべきだという点を強調しています。

先述した通り内臓脂肪の蓄積は、心臓病、糖尿病、高血圧などの生活習慣病のリスクを増加させるとされています。したがって、内臓脂肪を減少させることは、健康的な体重を維持するだけでなく、これらの疾患のリスクを減らすためにも重要です。

運動は内臓脂肪を減らす

運動によって脂肪分解が促進されることで、特に内臓脂肪が減少しやすくなるという研究結果は、食事制限だけでなく、適度な運動を取り入れることがダイエットの成功にとって重要であることを示しています。

食事制限と運動を組み合わせることで、体重を健康的に減らすとともに、内臓脂肪を減らし、生活習慣病のリスクを低減することが可能となります。

ダイエットに取り組む際は、短期的な体重減少だけを目指すのではなく、長期的な健康改善を目指すことが重要です。食事と運動のバランスを保つことで、より健康的な生活を実現することができるというわけです。

まずは日常に取り入れることから

運動は内臓脂肪を減らすということはわかっても、いざ始めるときの大きな障壁として「時間がない」「運動が苦手」という理由が挙げられます。実はこの障壁ですが、日常の中でのちょっとした工夫で解決できます。

例えば、階段の利用や歩く速度を少し上げる、家事の際の動きを大きくする、などです。

このように少しずつ運動量を増やす動きを日常生活に組み込んでいくことで、自然に身体を動かすことが継続しやすい状態を作っていくことが可能です。

そして段々身体を動かすことに慣れていくと、そこから筋トレや有酸素運動など強度を上げた運動にも取り組みやすくなります。そうすることでより内臓脂肪も減らしやすい身体になっていきます。

このようなことを踏まえて次章では50代からのダイエットのポイントについて解説していきます。

第2章　50代からのダイエットのポイントと成功ストーリー

1　50代が痩せにくくなる5つの理由

50代が痩せにくくなる原因

40歳を過ぎたあたりから、ついてなかった部分の脂肪に気づき、50代になるとなかなか体重が減らなくなります。加齢により太ってしまう大きな理由として、次の5つが挙げられます。

①運動量や筋肉量が低下する
②基礎代謝量が低下する
③エネルギー消費と摂取のバランスが崩れる
④ホルモンバランスの乱れ
⑤間違ったダイエットをしている

①運動量や筋肉量が低下する

50代になると身体の衰えだけでなく、仕事で責任のある役割を任されることが増えるだけでなく、家族が増えてプライベートが忙しくなるなど、なかなか運動をする時間が取りづらくなってくる年齢です。

運動量が減ることで、日常的に消費できるカロリー量が減少するだけでなく、筋肉量が減少することによって基礎代謝の衰えに拍車をかけてしまいます。

筋肉は使わないと、1年に1％減り続けると言われています。

生活活動代謝が減っているうえに、最も基礎代謝量の多い組織の1つである筋肉が落ち、脂肪が増えたため、太りやすくなっているというわけです。それが20年、30年と年齢を重ねていくと……。怖いですね。

ちなみに筋肉は、１kg増えると基礎代謝が13㎉アップします。

たとえば体重70kgの男性の場合、20歳代の頃の1日の基礎代謝の推定値は１６８０㎉ですが、何もしないと筋肉量が低下し、50歳代になると１５０５㎉。つまり１７５㎉も代謝が落ちていることになります。

１７５㎉とは、６枚切りの食パン約1枚分。たいしたことはないと思うかもしれませんが、50代の人は、20代に比べて、毎日毎日、食パン1枚分の余分なエネルギーを損ってしまっているのと同じことになるわけです。

②基礎代謝量が低下する

50代の基礎代謝量は、若いころのピーク時と比べて２００～３００㎉も低下しているといわれています。

基礎代謝とは横になっていても消費されるエネルギーで、基礎代謝が高ければ消費エネルギー量が多いため、脂肪を溜めにくい身体といえます。

しかし、年齢を重ねると内臓機能の衰えや筋肉量の減少によって、基礎代謝量は低下します。基礎代謝は1日に消費するカロリーの約60％を占めているため、昔と比べて痩せにくいと感じるのです。

50代からのダイエットでは、消費エネルギーを増やすための工夫が必要になります。

③エネルギー消費と摂取のバランスが崩れる

基礎代謝が前よりも落ちているのにも関わらず、今までと変わらない食生活を続けていると、エネルギーの消費と摂取のバランスは崩れてしまい、たとえ同量の運動をしても前より痩せにくくなってしまいます。

痩せやすい状態にして行くためには、摂取エネルギーの根幹である食生活を見直すことと消費エネルギーを増やすために適切な運動をする事が求められます。

④ホルモンバランスの乱れ

50代になるとホルモンバランスの乱れから痩せにくい体質になることが増えてきます。女性の場合は、40代後半から50代（更年期）にかけて、代謝や体脂肪の合成に影響を与える「エストロゲン」という女性ホルモンが減少することで、ダイエットに影響を与えて痩せづらくなる傾向が見られます。

ダイエットに関連するエストロゲンの働きは次のとおりです。

・脂肪燃焼の促進
・脂肪合成の抑制
・糖・脂質代謝
・筋肉成長の調節機能

このように、エストロゲンとダイエットには深い繋がりがあります。エストロゲンが減る50代は脂質代謝がうまくいかず、体脂肪を蓄えやすくなるのです。

また、皮下脂肪だけでなく、内臓脂肪も蓄積されやすくなるため「50代になったら、お腹周りが太った」と感じやすいでしょう。

男性においても加齢と共に男性ホルモンの「テストステロン」が減少していくことにより、筋肉量が落ちて基礎代謝量の減少が見られます。これらのことを理解したうえで、50代からのダイエットでは、筋肉量を維持して消費エネルギーを増やす工夫が必要になってきます。

⑤間違ったダイエットをしている

50代になってなかなか痩せないのは、間違ったダイエットをしているからかもしれません。「○○だけダイエット」「飲むだけで痩せるサプリ」など、世の中にはさまざまなダイエット情報が溢れています。本当に効果のあるダイエットはどんな方法なのか、情報が多すぎて迷ってしまうのはわかります。

しかし、間違ったダイエットには次のような危険が潜んでいます。

・体調不良や肌荒れ
・リバウンド
・代謝の低下
・摂食障害
・骨粗鬆症

また、過度な糖質制限、断食、ファスティング、痩身エステ……どれも即効性があるダイエット方法だと勘違いされやすいです。一時的に痩せたと感じるかもしれませんが、短期で取り組んでもほとんど脂肪量は変わりません。

・むくみがなくなって一時的に体重が減る
・胃腸が一時的に空になって体重が減る
・血流がよくなり老廃物が流れて、見た目がスッキリする

このような変化があるため、即効性のあるダイエット方法だと感じます。ただし、続けられないダイエットは正しいダイエットとは言えません。

むしろダイエットをしたつもりが、太りやすい体質をつくっているかもしれません。無理な食事制限をすると筋肉が落ちて、ダイエット前よりも代謝が低下します。代謝が低下すれば消費カロリー

も減るので、太りやすい体質になってしまいます。
本来ダイエットは、健康的な食事と適度な運動で適正体重を目指すものです。早く痩せたいからといって、闇雲に即効性のあるダイエットに手を出すのはもうやめましょう。

2　50代からのダイエットで大切なこと

大切な3つのこと

これらを踏まえ、20代～30代に比べて運動量や筋肉量が減りがちな40代・50代からのダイエットでは、次の３つが大切です。

・食事の量や内容を見直すこと
・運動量を増やし、エネルギーを消費すること（ウォーキングなどの有酸素運動）
・筋肉をつけ、基礎代謝を上げること（筋トレなどの無酸素運動）

食事制限だけのダイエットでは、たとえ痩せたとしても筋肉が増えることはなく、太りやすい体になり、リバウンドを引き起こしやすくなります。体重のコントロールは長期戦。長期的に続けられるダイエットをする必要があります。

前述しましたが、最初から激しい運動をする必要はありません。まず初めのうちはいかに日常的な行動に運動を取り入れる工夫をしていくかで、その後継続できるかどうかが決まってきます。

食事制限ではなく、バランスのよい食事を

50代からのダイエットには、栄養バランスのいい食事が大切です。アラフィフ世代には過度な食事制限によるダイエットは向いていません。過度な食事制限をすると、不足しているカロリーを補うために筋肉がエネルギーとしてつかわれてしまい、基礎代謝が落ちて太りやすい身体になってしまいます。

食材を選んで適切な栄養素を取りながらカロリーコントロールをしていくことがダイエット成功への近道です。特に不足しがちな栄養素がタンパク質です。筋肉量を増加させるためにも、肉、魚、豆類などのタンパク質を多く含む食材を意識的に摂取することを心がけましょう。

基礎代謝量を増やすトレーニング

生活に筋力トレーニングを取り入れて、減少傾向にある「基礎代謝量」を上げていきましょう。基礎代謝は筋肉量が増えるほど高まり、太りづらい身体に近づくことができます。

基礎代謝量を増やすためには、筋力トレが有効です。自宅でもできる筋力トレーニングもあるので、できることから取り組んでいきましょう。

できれば、運動後にはタンパク質が豊富な食事を積極的に行っていただくことで、筋肉がつきやすく基礎代謝が大きい太りにくい身体づくりを目指すことができます。

快適に動ける健康的な身体には筋肉は欠かせません。

適度な運動を習慣化する

50代からのダイエットで注意したいのは、即効性を求めて急にハードなトレーニングをしないことです。もちろん継続できれば効果は得られますが、体力が衰えている状態でハードなトレーニングを継続することは困難です。最初だけは継続できたつもりでも、三日坊主になっては意味がありません。生活に運動習慣を取り入れて、継続するということが大切です。

自分のライフスタイルに合わせて、継続できる運動習慣をつくりましょう。

50代からのダイエットを成功させるための考え方

ダイエット成功するための３つの考え方を紹介します。

・無理をしない
・継続する
・自分に合った方法でダイエットをする

例えば、運動が苦手な人がランニングを習慣化するには、相当の忍耐が必要でしょう。同じく、お米大好きな人が糖質制限を一生続けるのは辛過ぎますよね。まずは次の２つから始めてください。

・運動が苦手な人↓ウォーキングや早歩きで消費カロリーを増やす
・お米が好きな人↓脂質量を減らして摂取カロリーを調整する

ダイエットは長期戦！　このように自分に合った方法で無理なく継続することが、長い目で見て本当に効果のあるダイエットになります。

3　ダイエットの成功は習慣を変えること

体型をつくるのは毎日の習慣

ダイエットの習慣を整えていく前に、ダイエットはつらいもの、短期集中でするもの、という概念を捨て、「ダイエットは長期的に行うもの。習慣を変えることがダイエット」という概念を取り入れていただきたいです。

ダイエットで最も大切なのは習慣ですが、食事や栄養に関する知識や、痩せたいという意欲などもあるに越したことはありません。

しかし、栄養や運動に関する詳しい知識はないのに痩せ体型をキープしている人、「太りたいのに太れない」という人などあなたの周りにこんな人たちがいるはずです。

そしてその人たちは、ほぼもれなく太らない生活習慣を実践しています。あなたの周りのスリムな人をよく観察してみてください。どんなメニューを頼むのか、どんな食生活を好むのかを見てみましょう。

例えば、一緒にハンバーガー屋に行った場合、あなたがハンバーガーのお供にフライドポテトとコーラを頼むとき、スリムな人はハンバーガーのお供にサラダと野菜スープを頼んでいるなど、あなたと違うものを選択しているのではないでしょうか。私自身も太っていた頃はそうでした。

太っている人は太る習慣

太っている人もその原因のほとんどが習慣によるものです。テレビなどで、海外の肥満克服のドキュメンタリーを見かけますが、彼らはジャンクフードを大量に食べ、体が重いため１日の大半は座っているか、寝て過ごしています。

このようにメディアで取り上げられるような人は極端なケースですが、ダイエットが必要な人の大半は、太る習慣が身についています。

例えば、菓子パンやカップ麺のような超加工食品を日常的に食べていたり、休日は家でゴロゴロするか、車で出かけるのが定番だったり……。本人はそれが日常なので気づいていませんが、このようなライフスタイルでは、太るのは当然です。

よく、若い頃は運動もしていてスリムだったのに、社会人になった途端太り始めたという人がいますが、それも運動による消費カロリーが減り、お酒などにより摂取カロリーが増える生活に変わってしまったためです。

年齢による代謝量の変化はもちろんありますが、若いから痩せていて、歳をとるから太る、というわけではありません。環境の変化とともに太る習慣へと自然とスイッチしてしまっただけなのです。

一生続けられるのが本当のダイエット

「本質は細部に現れる」という言葉がありますが、ダイエットにおいても同じことがいえます。体型は日々の食事や生活習慣、運動量などの積み重ねによってもたらされる姿です。ダイエットを決意し、ジムに通い食事制限とトレーニングを頑張れば、2か月間だけでも体型はそれなりに変わります。

しかし、ジムをやめて元の生活に戻ってしまえば、当然体は元に戻ります。そもそも、ダイエットの語源はギリシャ語のＤｉａｔａで、意味は「生き方」や「生活様式」です。

しかし日本では大抵、痩身や減量という意味だけで使われているため、体重の数値しか見ない過激なダイエット方法が出回っています。本来の意味を辿れば、ダイエットとは無理なく生活を改善していくことです。

それはつまり、習慣化にほかなりません。何度も言いますが、本書でお伝えしたいのは短期決戦のダイエットではありません。一生続けていくことのできるダイエット――それは、習慣を変えていくことです。その結果としてスリムで健康な身体が手に入ります。本書では、私が実際にダイエット指導を通じて、再現性が高いと感じた方法を紹介しています。

１つひとつを摘まんでみれば「そんなことか」と思うかもしれません。しかし「そんなこと」の積み重ねが未来の身体をつくっていきます。日々の変化は小さいかもしれませんが、続けていくことで数か月後、数年後の体型や体調に大きな変化が見られるはずです。

根拠となる知識を知ったうえで実践すると習慣化しやすくなるので、繰り返し細かく説明していきたいと思います。

習慣を変えるダイエットには、毎日が楽しくなったりポジティブに物事をとらえられるようになるなど、痩せる以外の効果もあります。

4　50代以降から始めた実践者の成功ストーリー①　メタボから脱却したＹ・Ｍさん（53歳男性）

きっかけ

Ｙ・Ｍさんが初めて自分の体型に不安を感じたのは、ある日の洋服のサイズ選びの際でした。以前に気軽に着ていたサイズのシャツが、突然きつく感じられたのです。

そして健康診断の結果もよくないことが判明。長年の生活習慣の乱れが原因で腹囲やコレステロール、血圧、血統の値もすべてメタボの基準に該当してしまっていたのです。

このままでは病気になってしまうとの危機感をきっかけに、自分の外見だけでなく、健康面も見直したいと思い、私のパーソナルトレーニングを受けられました。

最初の頃に「このお腹どうにかなりますかね～」と大きく膨らんだお腹をさすりながら不安そうにお話ししていたことを思い出します。

体型・数値の変化（ビフォーアフター）

［図表１　Ｙ．Ｍさんの変化］

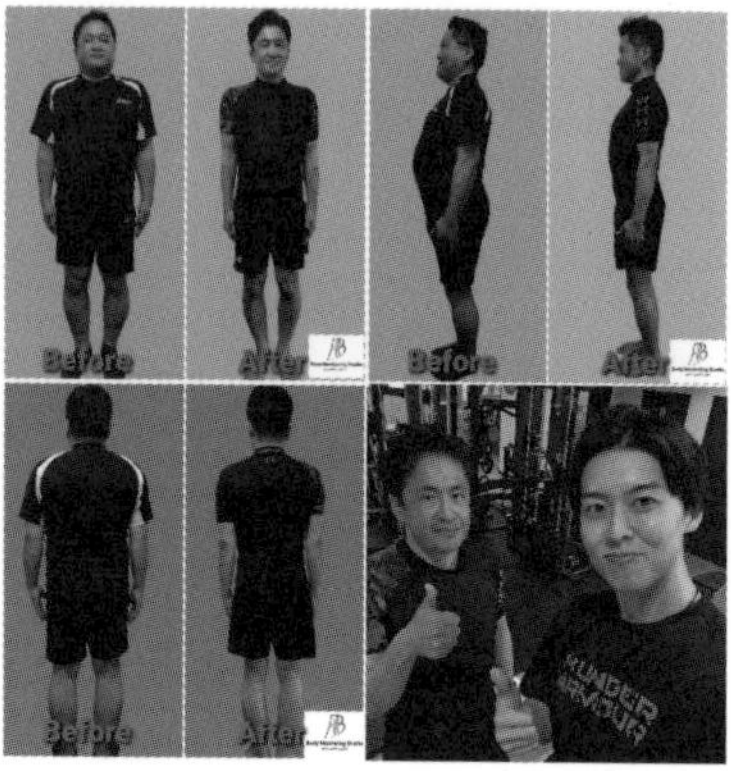

各数値の変化（約10か月）
体重：92・４kg↓66・３kg（－26・１kg）
体脂肪率：31・６％↓16・５％（－15・１％）
腹囲：１１１・１cm↓79・８cm（－31・３cm）
服のサイズ：ＸＬ↓Ｓ
健康診断判定：Ｅ↓Ｂ

体型や数値の変化から見るからに別人のようになったのはもちろんですが、特筆すべきなのは、異常値だったメタボの基準の腹囲、中性脂肪値、ＨＤＬコレステロール値、血圧、血糖値がすべて正常値になったことです。

更に複数個飲んでいた血圧を下げる薬も今では飲まなくてもよくなったとのことです。

身体も軽くなり見た目だけではなく、内臓も健康になられたＹ・Ｍさん。現在も2年半以上リバウンドなしの体型をキープしています。（２０２３年現在）

［図表２　Ｙ．Ｍさんの食事例］

食事の改善

Ｙ・Ｍさんはパーソナルトレーニングを始める前の食事は、毎回大盛りかおかわり、スイーツのデザート大好き、という状態でした。

そこから徐々に高タンパク質、低脂質の食事に改善していくところからのスタートでした。

お仕事などがお忙しくほとんどが外食ということから例にとると、唐揚げ定食→魚定食、つけ麺→ざるそば、天丼→海鮮丼、というように変えていきました。

更に、元々早食い傾向だった習慣をゆっくり噛むことを心掛けていったことで満腹感も増し、食べ過ぎることがなくなりました。

ただ単にカロリーを気にして食べものを制限するのではなく、栄養価のある食事に置き換えることで、食事を楽しみながら痩せていく、ということを実践されています。

行った運動

まず筋トレに関しては脚、胸、背中の大きな筋肉を使う種目を行いました。体重が重かったため、膝に負担がないように特にスクワットなどの脚の筋トレは軽めの重さから様子を見て行いました。その後徐々に動きに慣れてきたため、家での自主トレも追加し、日常での運動習慣をつけていきました。最初の頃は家での自主トレの最中に疲れてしまい、マットの上で寝てしまうというエピソードもありますが、現在は体力がつき、ほとんど休まずにメニューをこなしています。

また有酸素運動に関しては、まずは日常で歩く時間を増やす、階段を使うようにするなど活動代謝を増やしていくことから始めました。その後ジムで30分以上ウォーキングするなどの有酸素運動を追加したことで効率的に体脂肪が減っていった、という流れになります。

今後の目標

メタボから脱却したということで以前よりも明らかに軽く、健康的な身体を手に入れたY・Mさん。

今後は健康診断のスコアをAにすること、そして更に引き締まったリバウンドのない身体を目指しています。

更に外見もスマートになりお洒落も楽しくなったとのことで、今後はお気に入りの服を増やして人生を楽しんでいっていただきたいです。

5　50代以降から始めた実践者の成功ストーリー②
脂質異常症の薬が減ったR・Tさん（62歳女性）

きっかけ

R・Tさんはこの10年間、気づかないうちに徐々に体重を増やしていました。それも10kgの増。お気に入りの服がきつくなり、鏡の中の自分を見るのが辛くなっていました。

健康診断で脂質異常症と診断されたとき、彼女の心には不安がよぎりました。2種類の薬を毎日のように飲む生活は、彼女にとって心身ともにストレスでした。

更に慢性的な肩こりや体力の低下が日常に影を落としており、マッサージを繰り返しても改善しない生活が続いていました。

以前は一時的なダイエットや運動に取り組むも長続きせず、減っては増えてという状態を繰り返していました。

そのような生活に終止符を打ち、リバウンドしない健康的な身体になるためにR・Tさんは私のパーソナルトレーニングを受けられました。初回に「人生最後のダイエットにしたいです」と言っていた姿が今も鮮明に残っています。

ではその後R．Tさんがどのように変化したのか、次ページでご紹介します。

体型・数値の変化（ビフォーアフター）

［図表３　Ｒ．Ｔさんの変化］

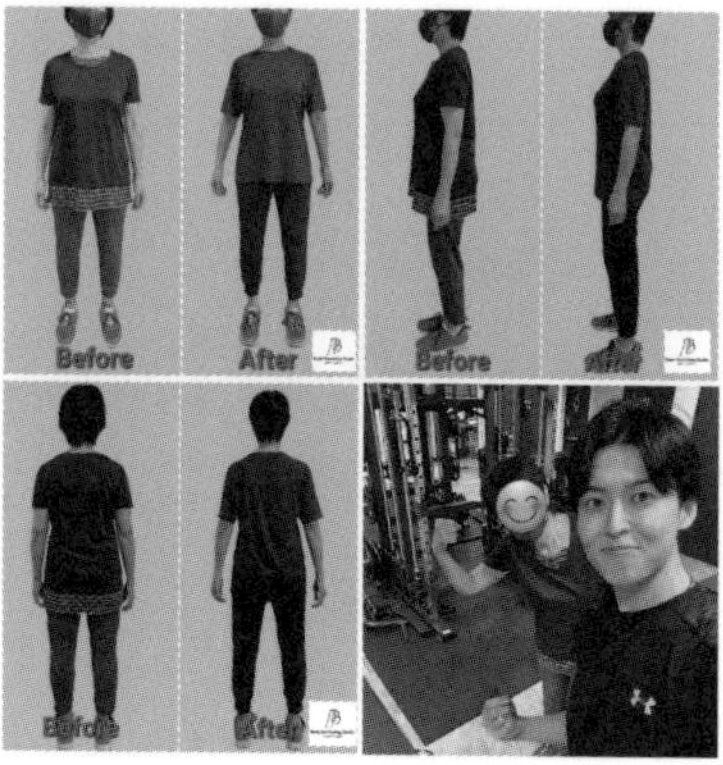

各数値の変化（約4か月）
体重：67・8kg↓58・1kg（－9・7kg）
体脂肪率：35・5%↓28・0%（－7・5%）
腹囲：92cm↓78cm（－14cm）
服のサイズ：15号↓11号
脂質異常症の薬：2種類↓1種類に

身体が全体的に引き締まり、腹囲も14cm減ったことでメタボの基準値内から脱することができました。同時にコレステロール値も下がっています。

更に複数個飲んでいた脂質異常症の薬も今では1つに減りました。

長年の悩みだった肩こりも緩和されたことにより、マッサージに行かなくてもよくなったとのことです。

パンツのサイズもダウンし、はけなかったパンツがはけるようになったと喜んでいらっしゃいました。

食事の改善

［図表４　Ｒ．Ｔさんの食事例］

Ｒ・Ｔさんはパーソナルトレーニングを始める前の食事は、糖質は悪という考えでカロリーを気にしていました。タンパク質は意識していなかったとのこと。目標に向けてしっかりとカロリー計算をし、高タンパク質、低脂質の食事に変えていきました。

エネルギーとなる炭水化物もそばや玄米、ふすまパンなどで摂るようになり、食事のバリエーションも増えていきました。

元々間食をされていましたが、プリン→ギリシャヨーグルトに、せんべい→チキンスティックにと高タンパク質のおやつに変えたことによって、満足感を得ながらも栄養を摂る間食になっていきました。

ご自身でも色々メニューを考えて、高タンパク質の食事を意識するようになったことで、しっかりと筋肉量が増えていっています。

行った運動

R・Tさんはこれまで本格的に筋トレをしたことがなかったので、まずは自体重の筋トレをベースに脚、胸、背中の大きな筋肉を動かしていきました。

元々腰痛もお持ちだったので、腰に負担がかからないように筋トレはまずは軽めの重さから、ゆっくりとフォームを意識して行いました。その後徐々に動きに慣れてきたため、ランジなど家での自主トレも追加し、日常での運動習慣をつけていきました。股関節の動きに固さもみられたので、ストレッチも追加して柔軟性も高めていき、より動きやすい身体を目指しました。

また有酸素運動に関しては、まずは日常で歩く時間を増やす、階段を使うようにするなどの意識にプラスして、家で踏み台昇降運動も行いました。最初は5分、慣れたら10分、20分と伸ばしていったことで明らかに体力もついてきたのがわかりました。

今後の目標

腹囲やコレステロール値もメタボの水準から遠ざかり、肩こりや腰痛も緩和され、毎日イキイキと過ごせるようになったR・Tさん。

これからは更なる健康のためにもう少し内臓脂肪を落とし、筋肉をつけて身体を引き締めていきたいと仰っています。その意識があればリバウンドとは無縁です。

ぜひ「人生最後のダイエット」を完成させましょう！

第3章　ダイエットを成功に導く必勝ステップ

1 つらいダイエットは失敗する

脱・短期集中ダイエット

これまで多くのダイエット法が世に出てきました。バナナやこんにゃくのような特定の食材だけ摂る方法から、「16時間断食」のような時間に制限を設ける方法まで、流行りはさまざまです。特に最近では「糖質制限」が非常に注目されています。私たちの日常でも、コンビニやレストランで「低糖質」のラベルやメニューをよく見かけるようになりましたね。

この糖質制限の流行のきっかけは、１９７２年のアトキンス博士のダイエット書に始まります。そして日本では、パーソナルジムの台頭とともに、この方法が一般に知れ渡ってきました。

短期間での体重減少を求めるなら、糖質制限は効果的です。確かに、糖質を減らすとすぐに体重が落ちる方もいます。ただ、その多くは体の水分を失っているだけとも言われています。

そして、糖質制限には注意点があります。長期にわたる糖質制限は、頭が重くなったり、便秘や疲れを引き起こすことがあるのです。糖質は私たちの大切なエネルギー源。糖質を大幅に減らすと、身体は筋肉も分解してエネルギーを得ようとします。さらに、過度な糖質制限をした上で脂質やタンパク質の摂取が増えると、肝臓や腎臓への負担が増える恐れも。

短期的な成功は嬉しいもの。しかし、それが長続きしなければ意味がありません。特に糖質制限は厳しいため、続けるのが難しいと感じる人も多いです。

一番大切なのは、自分の体と心に合っていて続けられる方法を選ぶこと。そのためには、ダイエットを「苦しむもの」と捉えず、「将来の健康のために自分の体を大切にする手段」として取り組むことが大切です。健康的に痩せ、リバウンドせずに美しい体を維持する方法を学びましょう。

極端な食事制限がもたらす悪影響

人は、エネルギーを摂取しなければ痩せますが、生命維持にはエネルギーが不可欠。心臓を動かすのにも、１日約１５０㎉のエネルギーが必要です。体温維持、脳や肝臓などの内臓が働くためにも、エネルギーが必要なのです。

エネルギー摂取量を極端に減らしてしまうと、身体は「飢餓状態だ」と判断し、極力エネルギーを使わないように、生命維持に必要なあらゆる分野の代謝機能を抑え込もうとします。

また、エネルギーを得ようとして、脂肪分解だけでなく、筋肉や骨などの大切な臓器までも分解してエネルギーを得ようとします。

痩せても身体機能を崩してしまっては意味がありません。繰り返しになりますが、「健康的に痩せる」ことがダイエットでは最重要です。

次項からは筋肉量を落とさずに体脂肪を着実に落としていく健康的なダイエットの方法を５ステップで説明していきます。

2　効率よく確実に体脂肪を落とす5ステップ

体脂肪を効率的に落とすには

早速、体脂肪を落とす方法を話していきたいのですが、

「どうせたくさんトレーニングしなさい、でしょ?」

「タンパク質をたくさん摂るんでしょ?」

こんな風に思ってはいませんか?　確かにたくさんトレーニングもタンパク質をたくさん摂ることも重要です。

しかし、それでは「体脂肪を効果的に落とす」ことができません。なぜなら、「基準」を決めていない、もしくはわからないからです。これまでダイエットに失敗してきた人の多くは「だいたい」や「なんとなく」の感覚でダイエットを進めてしまっています。

例えば、「低カロリーっぽいからこれを食べよう」「ご飯は糖質で太りそうだし、抜けばいいや」などの感覚で食事をしてしまっています。その後、一時的には体重が減るけれども、また逆戻り。何が原因かわからずにその悪循環を繰り返してしまっています。

では、どのようにして基準を決めていくのでしょうか。次項からは具体的なステップをご紹介します。

「基準」を決めること

効果的に体脂肪を落とし、リバウンドをせずに健康的で理想の身体を手に入れるためにはまずは「基準」を決めることが大切です。「基準」を決めることで、何が足りないか？　どこが間違っているか？　ということを基準を基に振り返ったり、改善することができるからです。

私自身も含め、私のパーソナルトレーニングを受けてダイエットに成功したお客さまもこれからお伝えする大切な「基準」を決める５ステップを行なうことで身体を変えられたと思っています。ただ読んで終わるのではなく、ぜひあなたも一緒に実践してみてください。

これが効率よく確実に体脂肪を落とす５ステップです。

ステップ①／目的の確認、目標の設定
ステップ②／減量ペースの設定
ステップ③／減量の手段を決める
ステップ④／カロリー量を決める
ステップ⑤／ＰＦＣバランスを決める

この５つです。

「いやいや、体脂肪を落とすためには５つもやることがあるの？」こんな風に思われたかもしれません。でも安心してください！　初めての方でもわかるように丁寧に解説していきますし、ダイエット成功者を多数輩出した再現性の高い方法です。

3　ステップ①／目的の確認、目標の設定

目的のないダイエットは失敗のもと

「今年こそ痩せるぞ！」という意気込みを掲げるAさん。

「半年後の結婚式のために5キロ痩せるぞ！」と、目的を掲げるBさん。

このような2人がダイエットを同時期にスタートした場合、成功率が高くなるのはBさんです。

多くの人がそう思うことでしょう。

おそらくAさんのように、毎年、新年の目標としてダイエットを掲げている方は多いのではないでしょうか？　しかし、ダイエットは、目的が明確であればあるほどうまくいくものです。さらにBさんのように具体的な目標があれば、よりダイエットの成功率は高まります。

実際、私がこれまで指導してきたお客さまでもダイエットの成功率が非常に高かったのは、Bさんのような明確な目的があってスタートした方々です。イベントごと以外にも、医師から「痩せないと死にますよ」と警告を受けた方も、強い目的意識によりダイエットの成功率が高かった記憶があります。

ちなみに私自身も太っていたことが原因で失恋を経験し、それがきっかけで何が何でも自分を変えてやるとの強い思いからダイエットを始めて結果的に23kg痩せることができました。

何のためにダイエットするのか

では、ここで質問です。あなたは、何のためにダイエットをするのですか？

——即答できた方はどれくらいいるでしょうか。明確な目的が思いつかない人も心配ありません。まずは難しく考えず、痩せたい理由を想像してみましょう。よく掲げられる目的をあげてみます。

・健康のため、長生きするため
・かっこいいパパ、キレイなママになりたい
・若々しいおじいさん、おばあさんでいたい
・海外旅行に行き、思い切り楽しむため
・恋愛、婚活のため
・ファッションを楽しむ（以前の服を着たい）ため

いかがでしょうか？　目的は変わっていっても構いません。まずは何のために痩せたいのか、なぜ痩せる必要があるのか——そこを明確にすることがダイエット成功への第一歩です。

体重よりも見た目の体型を目標に

ダイエットの目的を明らかにした後、ぜひ考えていただきたいのが目標です。多くの人が「夏までにマイナス5キロ！」「体重を60キロ台にする！」などの体重の減少を掲げるのですが、実はこれが落とし穴です。

体重の数値「だけ」を目標にしたダイエットは、失敗を招きやすいです。そもそも、短期的な体重の変動は、ほとんどが水分の増減によるものです。前日より1キロ体重が減ったけれど、翌日には1キロ体重が増えた――などはよくある現象ですし、体重は一定のペースで減り続けることはありません。日々の体重に一喜一憂することはストレスを溜め、食欲が爆発して歯止めがきかなくなり、結果、リバウンドにつながってしまうのです。

同じ身長・体重であったとしても、筋肉のつき方や体脂肪の量によって体型はまるで違って見えます。

ダイエットで大切なのは、ただ単に体重を減らすことではなく「体脂肪を減らすこと」です。体重だけを目標にしていると、筋肉が落ちていても体重が減ったらダイエットが成功したと思ってしまいますが、もちろんこれは失敗です。筋肉を減らさずに体脂肪を減らすことで、健康的で引き締まった体型になっていきます。

目標として設定するのは、体重だけでは不十分です。体脂肪率や見た目の体型を、より大切な目標として設定しましょう。

体重や体脂肪率の目安

体重の数値だけにとらわれないように、とお伝えしました。しかし、長期的な体重の変動はダイエットの目安になります。私が推奨するのは「1か月で体重の2～4％以内の減量ペース」です。

多くの人が太ったり痩せたりの指標としているのが体重です。すでにお伝えしたように、日々の体重変動は水分の出入りによるものがほとんどです。そのため、体重だけではなく、体脂肪率も併せて複合的に数字の変化を見ていくようにしてください。

また、肥満度を測る国際的な指標にＢＭＩがあります。ＢＭＩは体重と身長を用いて、次のような計算式で求められます。

・ＢＭＩ（kg／㎡）＝体重（kg）÷身長（m）÷身長（m）

例えば、身長１６０センチ・体重60kgという人のＢＭＩを求める計算式は、次のようになります。

60（kg）÷１・６（m）÷１・６（m）＝23・４（kg／㎡）

年齢や性別によって若干の違いはありますが、30～59歳の場合は統計上、ＢＭＩが22になる時の体重が、肥満との関連が強い糖尿病、高血圧、脂質異常症（高脂血症）に最もかかりにくい数値とされています。

ちなみに、身長１６０センチの人がＢＭＩ22となる体重は、次の計算式（体重はＸとする）で求められます。

22×○（m）×○（m）＝Ｘ

よって、

22×１・６×１・６＝56・３２kg

統計的にはＢＭＩが25以上だと糖尿病や高血圧など、肥満との関わりの高い症状が出やすいといわれています。

もしあなたが、体型にはこだわりがなく、健康が最大の目的なのであれば、このＢＭＩの値と体脂肪率を1つの指標として、目標を立てるといいかもしれません。具体的には、ＢＭＩが20～25未満、体脂肪率は男性なら20％未満、女性の場合は28％未満を目指すといいでしょう。

習慣を変えることも目標に

ダイエットの成功とは、ただ痩せることだけでなく、痩せた後も健康的に体型を維持できる生活習慣を手に入れることです。

なので、目標設定には生活習慣を変えることも入れておきましょう。早食いの人は、よく噛んでゆっくり食べる習慣を身につけたり、夜遅く食べるのが日常の人は、寝る3～4時間前に夕食を済ませるようにしたりするだけで、無理なく体重は落ちるものです。デスクワークの人は、エスカレーターやエレベーターではなく、階段を使う頻度を増やすことを目標としてもいいでしょう。

痩せるために足りない生活習慣は人それぞれですが、一度にすべてを変えようとするのではなく、できるところから少しずつ始めてください。習慣は緩やかに変えることが定着させるコツです。

身につけたい習慣が明確になったら、そのために毎日やる小さな行動目標を立てましょう。例えば運動を全くしていない人が運動の習慣を身につけたいのなら、1日に1分以上歩く、スクワットを1回以上やる、腕立て伏せを1回以上やる、などというように簡単なものがいいです。簡単な行動であるほど成功率が高く、長続きして習慣化されやすくなります。

ポイントは「～以上」という点です。脳科学的に見ると、やる気スイッチというのは行動をスタートすることでオンになります。1分歩くつもりで足を踏み出せば自然と5分、10分歩くことになりますし、1回スクワットをすれば案外2～3回と続いていくものです。もちろん忙しいときや疲れているときは、1分や1回だけで終了しても構いません。逆に、時間や体力に余裕があるときは、自己記録の更新を目指してみるのもおすすめです。

長期的な目標設定も大切

定期的に達成度合いを振り返りながら、目標を見直すことも大切です。

というのも、結婚式などイベントごとを理由にダイエットを始めた方に多いのが、達成した後のリバウンドです。その原因の1つに、イベントが終わった後の目標が設定されていないということがあります。ダイエットは長期スパンで取り組むものです。1週間ごと、1か月ごとなど、ご自身のペースで振り返りを行い、目標の修正をしていきましょう。

また、私がおすすめしたいのは、

（1）　5年先、10年先の長期的な目標、

（2）　半年～1年くらいの中期的な目標、

（3）　日々のダイエット習慣を身につけるための小さな行動目標

を設定することです。

例えば、

（1）　長期的な目標

・いつまでも旅行を楽しみたい

・今の趣味を80代になっても楽しみたい

・いくつになってもスポーツをしたり挑戦し続けたい

（2）　中期的な目標

・マラソンに挑戦する

・沖縄や海外のビーチに行く

・家族写真を記念撮影するなど。

（3）　小さな行動目標

・ひと口食べるごとに箸やスプーンを置く

・入浴前にスクワットを1回する

・1日8000歩は歩く

など、習慣化したい行動を少しずつ設定しましょう。

何のために痩せたいのか、なぜ痩せる必要があるのかを明確にし、さらに目標を達成した自分をイメージすることができると、一気にダイエットが成功に近づきます。ダイエットの途中で目的や目標が変わっても構いませんので、まずは今の自分に問いかけて、言葉にしていきましょう。

4　ステップ②／減量ペースの設定

理想のペースを確認しよう

では、目的と目標が明確になったら具体的に減量ペースを設定していきます。ステップ①で、理想は「1か月で体重の2～4％以内の減量ペース」と説明しました。

なぜなら、早すぎるペースで減量をしてしまうと「体脂肪と一緒に筋肉も失ってしまう」からです。逆に遅すぎるペースで減量してしまうと一向に身体が変わらず挫折しやすくなります。

そのため、体脂肪を落とす際は適度なペースで進めていく必要があるのです。1週間にすると0・5～1・0％のペースで落としていくことになります。

例えば、体重70kgであれば1週間に0・35kg～0・7kgのペースで体脂肪を落とすといいということになります。これが4か月間継続すると合計で5・6kg～11・2kg程度体脂肪が落ちる計算です。

体重を1週間に0・5～1・0％のペースで落としていくことが筋肉量を落とさずに体脂肪を効率的に落とすコツになるのですが、このペースを聞くと、「ペースが遅すぎない？」「もっと早く体重を落としたいよ！」と思うかもしれません。その気持ち、よくわかります。

もしかしたら、筋肉を失ってもいいからとにかく体脂肪を落としたい、体重を落としたいという方もいるかもしれませんが、筋肉を失いたくない人は、このペースを目安に減量を始めて、経過を見ながら調整していくと、筋肉を失いにくく、体脂肪を効率的に落とすことができます。

現在の体脂肪率によってペースを変える

ちなみにこのペースの注意点ですが、ご自身の体脂肪率が現在どの程度かによって、0・5〜1・0%の範囲のどこを選択するかが変わってきます。

もし現在の体脂肪率が男性の場合は30%以上、女性の場合は40%以上の場合であれば、1週間に体重の1・0%のペースを目安に減量をしていくことを推奨します。このペースならば筋肉量を増やしながら、同時に体脂肪を落とすことも可能です。

そしてもし、現在の体脂肪率が男性の場合は15〜25%程度、女性の場合は25〜35%程度であれば、1週間に体重の0・7%のペースを目安に減量していくことを推奨します。人間は体脂肪率が高いほど、筋肉量を維持しながら脂肪を減らしやすく体脂肪率が低いほど、筋肉量を失いやすく脂肪を減らしにくいという特徴があるため現在の体脂肪率によって減量ペースを切り変えていくといいでしょう。

ちなみにここまでの話を聞いてこんな疑問が浮かびませんか?

「体脂肪を落とすペースはわかった。でも具体的にどういった減量方法がいいの?」と。

世の中にはさまざまなダイエット方法があります。

低糖質ダイエット？　それともケトジェニックダイエット？　低脂質ダイエットがいいのかなど、広く知られている減量手段がいくつかありますが、どれが最もいい減量方法でしょうか？

5　ステップ③／減量の手段を決める

低糖質ダイエット？　低脂質ダイエット？

減量ペースがわかったら、減量の手段を決めるパートに入っていきます。低糖質ダイエットは文字通り糖質の少ない食事を中心にとり、体脂肪を落とすこと。ケトジェニックダイエットは炭水化物の摂取量はほぼゼロで脂質中心にカロリーを摂るダイエット法。低脂質ダイエットとは、文字通り脂肪分の少ない食事を中心にとり、糖質はしっかりとりながら体脂肪を落とす方法です。

よく、低糖質ダイエットVS低脂質ダイエットで比較され、議論が起こりますが、皆さんはどれがよりよい方法だと思いますか？　実はどの減量方法にもメリット・デメリットがあるため、それぞれのメリット・デメリットを考慮して総合的に判断していきます。

低糖質ダイエットのメリット、デメリット

低糖質ダイエットとケトジェニックダイエットの一番の魅力は、体重を素早く減らせることです。

例えば、ある300名以上が被験者の研究では、低糖質ダイエットが低脂質ダイエットよりも体重減少に効果的であることが示されています。

しかし、低糖質ダイエットやケトジェニックダイエットにはデメリットも存在します。特に、筋肉を鍛えていきたい人にとっては2つの大きな問題があります。第一に、筋肉の張りが失われやすくなること。これは糖質、特にグリコーゲンが筋肉や肝臓に貯蔵され、筋肉に水分と結合して張りを保っているからです。低糖質ダイエットにより、このグリコーゲンと水分が筋肉から減少し、筋肉のボリュームや張りが失われる可能性が高まります。

第二のデメリットとして、筋力の低下が挙げられます。糖質が十分に摂取されていないと、筋力が落ちることが研究で示されています。例として、筋肉内の糖質が充足しているときと不足しているときの挙上回数を比較すると、糖質不足時のほうが明らかに挙上回数が減少していることがわかりました。

要するに、低糖質やケトジェニックダイエットは素早く体重を落とすには効果的ですが、筋肉の張りや筋力を維持したい方にはおすすめできません。体重は落ちても、筋肉の張りが失われて、筋肉量も減少してしまったらガリガリの身体になってしまいますからね。

低脂質ダイエットのメリット、デメリット

なので、私は低脂質ダイエットを推奨しています。低脂質ダイエットのメリットは低糖質ダイエッ

トやケトジェニックダイエットと比べて、筋力が落ちにくく、筋肉の張りも失われにくいことです。理由は先ほどお伝えした通り、低脂質ダイエットは脂質量を削って、その分糖質を多めにとるので、筋力が落ちにくく、筋肉の張りも失われにくい傾向があるからです。

糖質を摂れば科学的に筋力が維持されやすくなることが証明されていますし、糖質は筋肉内に水分を引き込む性質があるので、筋肉の張りも保たれます。低脂質ダイエットにはこのようなメリットがあります。

しかし、低脂質ダイエットにももちろんデメリットはあります。それは複数の研究で示されている通り、体重が落ちるペースが低糖質ダイエットやケトジェニックダイエットと比べて、ゆっくりであることです。なぜ低糖質ダイエットに比べて、低脂質ダイエットの体重の落ちがゆっくりなのかというと、低糖質ダイエットやケトジェニックダイエットは糖質とともに筋肉に蓄えられた大量の水分も失われるため、その水分量が減少した分、体重が落ちやすいからです。

一方、低脂質ダイエットはしっかり糖質を摂るので、筋肉に蓄えられた大量の水分は保持されやすく、その分体重が落ちにくい傾向があります。そのため、体重という数字に一喜一憂しやすい方は、低脂質ダイエットが辛いと感じる場合もあるかもしれません。

ただ、覚えておいていただきたいのは、体重というのはただの数字だということです。体重の増減はモチベーションを保つのに役立ちますが、身体の経過を正しくチェックして挫折なくダイエットを進めていくためには体重だけではなく、体脂肪やボディラインなど身体の変化が最も重要です。

このように、どんな減量方法にもメリット・デメリットがあるため、結局のところ自分の生活にマッチした、続けやすい減量方法があなたにとってのベストな減量方法になります。

6　ステップ④／カロリー量を決める

ゴールを達成するための〝手段〟としてカロリー計算を利用する

なぜカロリー計算をするのかというと、自分が何をどれだけ食べたら痩せたり太ったりするのかを把握する手段の1つとなるからです。

コンビニに行けばいつでも手軽にジャンクフードやお菓子、脂質の高い食品が手に入ります。なので、まずは質の高い食生活とは何か、自分に足りていない栄養素とは何か、を把握することが大切であり、その手段としてカロリー計算はおすすめです。

また、普段の自分がどのような食生活を送っているのかを改めて客観視することができるというのもカロリー計算の利点となります。改善の第一歩は現状を把握すること、です。

カロリー計算の必勝ステップ

あなたが毎日何をどれだけ食べたら健康的に痩せていくかを知るためには、次の3つのステップが必要となります。

①基礎代謝を算出
②1日の総消費カロリーを算出
③1日の総摂取カロリーを算出

では、1つずつわかりやすく解説していきます。

①基礎代謝を算出

まずは自分の基礎代謝を知りましょう。基礎代謝とは、何もしなくとも消費するカロリーのことでしたね。基礎代謝は下記の計算式で算出できます。

※今回はアメリカで最もポピュラーなMD Mifflinと呼ばれる計算式を用います。

・男性　基礎代謝＝10×体重（kg）＋6・25×身長（cm）－5×年齢（齢）＋5
・女性　基礎代謝＝10×体重（kg）＋6・25×身長（cm）－5×年齢（齢）－161

②1日の総消費カロリーを算出

基礎代謝が算出できたら次に総消費カロリーを割り出します。実際には毎日寝ているだけという人はいないはずで何かしらの活動をしていますよね。

そこであなたの基礎代謝に活動分のエネルギーを加味したものが1日の総消費カロリーといえます。

基礎代謝が同じ人でもデスクワークか立ち仕事かによって活動エネルギーは変わるため、活動レベルを3段階に分けて大まかな数値を算出しましょう。

i．活動レベルが低い人（デスクワーク中心で運動は通勤程度）↓基礎代謝×1・3

ii．活動レベルが中くらいの人（立ち仕事中心で1日中動くことが多いｏｒ座り仕事中心だが意識的に軽度の運動を取り入れている）↓基礎代謝×1・5

iii．活動レベルが高い人（立ち仕事や力仕事中心で、それに加えて運動習慣が備わっている）↓基礎代謝×1・7

あなた自身がi〜iiiのどれに一番当てはまるかを考え、自分の基礎代謝に活動レベルを加味して1日の消費カロリーを算出してください。

③1日の総摂取カロリーを算出

1日の総消費カロリーがわかったら、そこから逆算してあなたが〝健康的に痩せるために〟必要なカロリーを算出していきます。理論上は摂取カロリーが消費カロリー以下であれば痩せていくのですが、極端に低く設定してもダメです。

例えば1日800kcal以下（基礎代謝以下）などで生活をしようとする方がいますが、これでは筋肉量も落ちてしまいますし、すぐに身体が省エネモードになって停滞期に陥ります（さらには月経不順やホルモンバランスが崩れてしまう悪影響も）。

また、このような無茶な食事制限は長く続かないため、リバウンドの可能性が高くなるなど長期的に見たら却って逆効果です。

そうしたことを踏まえた上で、具体的な体重（体脂肪減少量）の計算方法を紹介します。

１kgの体脂肪を減らすのに必要なエネルギー

健康的に痩せるためには、体脂肪を減らすことが大切ですが、体脂肪を１kg減らすにはどれだけの消費カロリーが必要かご存じですか？

答えは、７２００kcalです。

例えば１日の総消費カロリーが２０００kcalで、１か月２kgペースで落としたい、という人の場合は次のような計算となります。

体脂肪を２kg落とすためのカロリー＝７２００kcal×２kg＝１４４００kcalなので
これを１か月＝30日で割ると１日
１４４００kcal÷30＝４８０kcal減らすことで達成できます。

よって総消費カロリー２０００kcal－４８０kcal＝１５２０kcalとなり、１日１５２０kcalが総摂取カロリーとなります。

総摂取カロリーがわかったら次はＰＦＣバランスを決めていきます。ちなみにＰＦＣとはＰ＝ｐｒｏｔｅｉｎ（タンパク質）、Ｆ＝Ｆａｔ（脂質）、Ｃ＝Ｃａｒｂｏｈｙｄｒａｔｅ（炭水化物）のことです。

7　ステップ⑤／PFCバランスを決める

総摂取カロリーから基準となるPFCバランスを算出

摂取カロリーがわかった途端「○kcal以内なら食べてもいいのか！」とお菓子やジャンクフードで摂取カロリーを満たそうとする方がいますが、言わずもがなこれはオススメできません。

しっかりと3大栄養素を軸に食べていくことでなるべく筋肉量を落とさず、リバウンドのリスクも抑えて痩せていくことができるからです。

具体的にどの栄養素をどれくらい食べればいいかというと、ここでは低脂質ダイエットを推奨しているので、

・タンパク質↓体重×1・5～2倍
・脂質↓総摂取カロリーの20％
・炭水化物↓総摂取カロリー－（タンパク質＋脂質）

となります。

数値を参考に食事をする

今までの4段階で、あなたが何（どの栄養素）をどれだけ（それぞれ何グラム）食べれば健康的

に痩せていけるかを出すことができました。あとはこの数値に従って食事をしていき、改善を繰り返していくことで理想の身体に近づくことができます。

8　カロリー計算実践編〜一緒に計算してみよう〜

実践編

計算式が続いて若干わかりにくかった方もいると思いますので、ここでは架空の人物を設定して適用してみます。あなた自身の数値に置き換えて一緒に計算していきましょう。

名前：A子さん　性別：女性　年齢：51歳
身長：１５６㎝　体重：72㎏　ＢＭＩ：29・5　体脂肪率：38％
ライフスタイル：仕事はデスクワーク中心で、運動は通勤で歩くくらい。自宅で軽い筋トレをしようと思うがいつも続かない。食事は朝食は食べず、昼は基本コンビニのお弁当か近くの定食屋。夜は遅い日が多いのでスーパーのお惣菜や弁当で済ませている。間食でアイスクリームやスナック菓子をよく食べる。
数値目標：ＢＭＩは29・5↓23に。よって体重は72㎏↓56㎏を目指す。（−16㎏）
体脂肪率は38％↓28％に（−10％）

①基礎代謝を算出

基礎代謝＝10×体重（kg）＋6・25×身長（cm）－5×年齢（齢）－161

で算出できるので、この計算式にA子さんの情報をそれぞれ入力していきます。

すると

基礎代謝＝10×72（kg）÷6・25×156（cm）－5×51（歳）－161＝1279kcal

となります。

つまり、A子さんは1日中寝ていたとしても、1279kcalは消費していくということです。

②1日の総消費カロリーを算出

A子さんは現在日常的に運動などはしておらず、仕事もデスクワーク中心ですが、私の推奨するダイエットは日常的にも運動を少しずつ取り入れていく方法ですので、ダイエットを始めるにあたって活動レベルを1・5に設定します。

※前述の活動レベル値の復習

i．活動レベルが低い人（デスクワーク中心で運動は通勤程度）↓基礎代謝×1・3

ii．活動レベルが中くらいの人（立ち仕事中心で1日中動くことが多いor座り仕事中心だが意識的に軽度の運動を取り入れている）↓基礎代謝×1・5

iii．活動レベルが高い人（立ち仕事や力仕事中心で、それに加えて運動習慣が備わっている）↓基

礎代謝×1・7

つまり基礎代謝である1279㎉に1・5をかけることで消費カロリーが算出されます。

1279×1・5＝1919

よって、A子さんの1日における総消費カロリーは1919㎉となります。あくまで数字上ですが、言い換えると1日に1919㎉以上摂取したらその分体重が増加し、1919㎉を摂取すれば現状の体重を維持できることを意味しています（活動量を大きく変えない場合）。

③1日の総摂取カロリーを算出

A子さんは1919㎉以下に摂取カロリーを抑えれば理論上は痩せていくことができますが、何度も触れているように闇雲にカロリーを落としてはいけません。リバウンドを防ぎ健康的に痩せていくための理想の体重（体脂肪量）の減少ペースは【1か月に現体重の2〜4％】ですから、

現体重72kgの3％とすると、1か月に72×0・03＝2・16kgのペースとなります。（約8か月で目標の－16kgを達成できる計算です）。

体脂肪を2・16kg落とすためのカロリー＝7200㎉×2・16kg＝15552㎉なので

これを1か月＝30日で割ると1日

15552㎉÷30＝519㎉分減らすことで達成できます。

よって総消費カロリー1919㎉－519㎉＝1400㎉となり、

1日1400kcalが総摂取カロリーとなります。

④総摂取カロリーから基準となるPFCバランスを算出

そして1400kcalをそれぞれどの栄養素から摂取すればいいかというと、

i．タンパク質→体重×1・5〜2倍

ii．脂質→総摂取カロリーの20〜25％

iii．炭水化物→総摂取カロリー−（タンパク質＋脂質）

の3ステップで算出していきましょう。

i．タンパク質→体重×1・5〜2倍

A子さんは現在72kgのため、タンパク質は1日あたり72×1・5＝108g必要となります。

ii．脂質→総摂取カロリーの20％

総摂取カロリーは1400kcalですから、この20％とする280kcalを脂質から摂取することになります。脂質は1gあたり9kcalですので、1日あたり280÷9＝31・1gです。

iii．炭水化物→総摂取カロリー−（タンパク質＋脂質）

iとiiによって

・タンパク質→108g＝432kcal（1gあたり4kcal）

・脂質→31・1g＝280kcal（1gあたり9kcal）

ということがわかっているので、残りの
・炭水化物＝総摂取カロリー（１４００kcal）－（タンパク質（４３２kcal）＋脂質（２８０kcal）＝６８８kcalとなります。炭水化物は1gあたり4kcalですので、６８８÷4＝１７２gの摂取となります。
今までの内容をまとめると、A子さんは1日あたり
・摂取カロリー　１４００kcal
・タンパク質　１０８g
・脂質　31・1g
・炭水化物　１７２g
を【算出した数値を参考に食事をしていく】ことで理想的に痩せていくことができるということになります。

計算通りにはいかない

これまでのステップであなたに必要なカロリーと栄養素、つまり「毎日これだけ食べたら痩せていきますよ」という数値を出すことができました。
しかし、ここで注意していただきたいのがこれらはあくまで机上の計算だということです。私もあなたも機械ではなく生身の人間です。計算通りにいかないなんてことは往々にしてあります。

繰り返しになりますが、まずは算出した数値通りに食生活を送り、同時に体重や体脂肪率などを記録していき調整しながら改善していくことが大切です。あまり神経質にならず、ゆっくりと楽しみながらダイエットを実践していきましょう。結局それが効果的で確実に痩せるための近道にもなります。

9　記録を取ることが重要

食べたものや体重を記録する

突然ですが、質問です。昨日食べたものを全て覚えていますか？　この質問に即座に答えられた方は、どれだけいるでしょうか？

「食べてないのに太っちゃう……」こんな悩みを抱えている人の多くが、覚えていないだけで実は食べているものです。

そこで、ダイエットに取り組むみなさんにまず実践してほしいのが、食事の記録（レコーディング）です。毎日何を食べたかを記録することで、太る原因がわかり、ダイエットの成功率が上がります。

必ず記録してほしいのは、

（1）飲んだり食べたりしたもの全て

（2）体重

（３）　体脂肪率

の３項目です。毎日記録することで、どんな食事をすると体重や体脂肪率が増減するのかがわかってくるようになります。さらにどんな食材が不足しがちかなど、自分の食生活の傾向もわかってきます。私が現在行っている食事指導も、このレコーディングが基本です。

そして、食事記録などと併せて体調の変化も記録するとよいでしょう。ダイエットを始めた頃は、どうしても体重や体脂肪率などの数値の変化に敏感になりやすいものです。しかし体重や体脂肪率は、短期間で急激に変わるものではありません。すると、体重が減らないことでストレスを抱えて痩せにくくなってしまうという、非常にもったいない事態になりかねません。体調の変化に注目し、体調がよくなる生活に改善していくと、大抵は遅れて体重が減っていきます。

最近は食事や体重を記録できるアプリが出回っているので、活用してみるのもおすすめです。代表的なものには、「あすけん」「カロミル」「カロママプラス」などがあります。なかには、「〇〇が足りない」と不足しがちな栄養素を教えてくれるものもありますが、アプリのアドバイスは参考程度にとらえましょう。

体重・体脂肪率を測るタイミング

体重と体脂肪率は、毎日同じ条件で測ることが大切です。基本は起床後、お手洗いに行った後のタイミングで測るのがいいでしょう。朝起きたてのタイミングは、前の食事から時間が経っているため、体重変動のばらつきが一番少ない時間帯だからです。反対に、食事や運動、入浴の前後は、体内の水分量が変わるため、体重も変わりやすい時間帯です。起床後、水を飲んだり朝ごはんを食べたりする前に測ることを習慣にしましょう。

体重は、1日の中で1~2キロ変動することがあります。これは水分の出入りによるものです。体内の水分は、糖分や塩分に付随して出入りします。つまり食事をすれば塩分や糖質とともに水分が増えるのは当然ですし、サウナや運動で発汗したときに体重が大幅に減るのも同じ原理です。

また、定期的に全身写真を撮ったり、ウエストなどのサイズを測ったりしておきましょう。なぜなら、体重や体脂肪率などの数値が変わらなくても、ウエストや体型に変化が現れることも多いからです。ウエストを測るときには、おへその高さで床と平行になるよう、毎回同じ条件で測りましょう。ダイエット開始前の体型を記録しておくことで、見た目の変化がわかりやすくなりますし、ダイエット当初の体型を見ることは、リバウンド予防にもつながります。

10　停滞期を打破しよう

停滞期かなと思ったら

停滞期でダイエットを挫折する方も多いので、これは非常に重要なパートです。まず「停滞期かな?」と思ったら、次をチェックしてみてください。

・ダイエット中に２週間以上「体重が落ちない」「見た目に変化がない」「腹囲が減少しない」
このどれかに当てはまれば、停滞期の可能性があります。

停滞期に入るタイミングは？

一般的に停滞期に入るタイミングは体重の５％を減らしたぐらいで起こりやすいと言われています。私の経験上でも体重が５％前後減少したところで停滞期に入る方が多くいらっしゃいます。
また男性と女性の場合だと男性は停滞期がなくダイエットが進む人も多く、女性の場合はホルモンの関係で停滞期が起こりやすい傾向にあります。

停滞期はどれぐらい続くのか？

停滞期が続く期間に関してもかなり個人差がありますが、平均すると２週間〜１か月ぐらいになります。停滞期は永遠に続くことはありません。この時期に適切な対処をすることで、すぐに打破することができます。

停滞期が起こる原因は？

停滞期が起こる原因は２つあります。１つ目は、男女問わず、体の「ホメオスタシス」という機能から来るものです。これは、体が安定した状態を保ちたいという自然な反応です。例えば、体重を減らそうとすると、体はそれを防ぐために、基礎代謝を落としてエネルギーの消費を抑えたり、摂取した栄養を蓄えようとします。

2つ目の理由は、特に女性に関連して、生理周期のホルモンの変動によるものです。このホルモンの影響で、体重が落ちにくくなったり、逆に落ちやすくなったりすることがあります。

要するに、体は自分を守るために変化を受け入れにくくする性質があり、これがダイエットの停滞期を引き起こす大きな要因です。

停滞期になったときの対処法

もしあなたが停滞期になってしまったら、どのように対処したらよいか？　対処法は2つあります。

1つは何もせずにダイエットを継続することです。停滞期はダイエットを継続していれば永遠に続くことはなく、最大でも1か月間ぐらいで必ず順調期に戻ります。ですので、期間を決めないダイエットを行っている人であれば、停滞期が終わるまでそのままダイエットを続ける方法で大丈夫です。

もう1つの方法は停滞期に「チートデイ」を設ける方法です。チートデイでは1日だけ好きな物を好きなだけ食べる日をつくり、多くのカロリーを体の中に取り込みます。そうすることで体のホメオスタシス機能のスイッチがオフになり順調期に戻るのです。

停滞期が訪れることは通常の反応ですし、どれだけ頑張っても停滞期は訪れます。ですので、停滞期は想定内と考えて焦らずに続けていくことが大切です。

第4章　痩せる栄養素、太る栄養素の見分け方

1　しっかり食べて痩せる方法とは

量を減らすより、質を考慮しよう

近年、ダイエットの考え方に大きな変革が見られます。それは「主栄養素の量よりも、その質に注目する」というアプローチです。従来のダイエットの考え方は、食事の量を減らしてエネルギー摂取量を制限することでした。しかし、私たち人間の体は、常に食事を摂取するようにプログラムされています。このため、食事の量を制限することはストレスとなり、ダイエットの障壁となっていました。

スタンフォード大学の新しい研究では、質のいい食品を摂取することで、自然とエネルギー摂取量を減少させ、効果的に体重を減らすことができるという新しいアプローチを示しています。

炭水化物や脂質にも「いいもの」と「悪いもの」が存在し、それぞれの影響も明らかになってきており、健康的な食事は体重管理にも効果的であることがわかっています。なので、正しい食事の知識がつけば、その中で好きなだけ食べて健康的にダイエットができるとも言えます。

前章で割り出した総摂取カロリーとＰＦＣバランスに照らし合わせてなるべく質のいい食事をしていくように心がけていきましょう。「何を食べないようにする」「何を食べるべきか」ということがわかってくると、ダイエットに必須な食事のコントロールがしやすくなります。

2　避けるべきは超〇〇食品

超加工食品で太る科学的な根拠

太るメカニズムを理解すると、ダイエットの食事管理でまず行うべきことが明確になります。それは、習慣的な脂質や糖質の過剰摂取をやめて、嗜好性の食欲を抑えるとともに中毒性を弱めることです。そのために、あなたが最初にやるべきことは２つです。

「超加工食品を食べないこと」
「砂糖入り飲料を飲まないこと」

ダイエットにはさまざまな食事制限の方法や有酸素運動などの運動の方法がありますが、まずは、もっとも太る要因とされる超加工食品と砂糖入り飲料の摂取を減らすことからはじめましょう。

加工食品は４つに分類できる

そもそも食物に対して加熱や液体化といった「加工」を施すと、同じ量でも短時間で食べられてエネルギー摂取量が高まります。そうすることで栄養状態も改善されやすいというメリットがあります。

ところが現代の加工食品はというと、美味しさや食べやすさを追求したあまり、健康を損なう可能性が指摘されています。その代表が「超加工食品」といわれる食品です。心臓病や糖尿病といった病気の発症因子となるだけでなく、肥満の要因であることがわかっています。

加工食品の分類

加工食品は4つの種類に分別されます。

グループ①：未加工または最小限に加工された食品

↓ニンジンやリンゴなどの野菜や果物、卵や魚などの未加工食品、または乾燥、煮沸、冷凍などの最小限に加工された冷凍野菜や冷凍の果物、乾燥肉

グループ②：加工食材

↓植物油、蜂蜜、メープルシロップ、砂糖、バター

グループ③：加工食品

↓蒸したチキン、マグロの缶詰、野菜の缶詰、シロップ漬けの果物、ナッツ、塩漬け肉など（①＋②）

グループ④：超加工食品

↓スナック菓子、カップラーメン、菓子パン、ピザ、ホットドッグ、ケーキ、ドーナツ、ハンバーガー、フライドチキン、チキンナゲット、砂糖入りの清涼飲料など

人工の調味料や甘味料、香料、着色料、乳化剤、安定剤、保存料などを用いて加工したものを「超加工食品」とされています。

超加工食品には果糖ブドウ糖液糖などの糖や塩、トランス脂肪または飽和脂肪が多く添加され、食物繊維やタンパク質、微量栄養素が少ないという特徴があります。また、常温での保存が可能で、日持ちする食品。つまりジャンクフードを「超加工食品」とし、一般的な加工食品とは分けて捉えると理解しやすいです。

超加工食品が太る理由

アメリカの研究機関が発表した最新の研究によれば、超加工食品を食べると太りやすくなることがわかっています。

超加工食品を食べたグループは、普通の食べ物を食べたグループに比べて、1日に約500㎉多くのエネルギーを摂取したとのことです。理由は、超加工食品に含まれる糖分や脂肪が多く、さらにすぐに食べ終わることができるため、満腹感が得られにくいからです。

この研究から、超加工食品は高カロリーで、すぐにたくさん食べてしまうため、体重が増えやすいことがわかりました。健康のためには、糖分や脂肪が多い食品は控えめにし、バランスのいい食事を心掛けることが大切です。

超加工食品の制限は「少しずつ」

ダイエット方法はたくさんありますが、まず最初に行うべきは「超加工食品の摂取を減らす」ことが大切だとおわかりいただけたと思います。

まずは毎日食べていたお菓子を週末だけにするなど、摂取頻度を少しずつ減らしていくことがおすすめです。糖分や脂肪分には依存性があるため、急に摂取をやめると精神的な反動がある可能性があります。そのため、徐々に摂取頻度を減らすことが重要です。超加工食品の摂取量を減らすかわりに食べるべき食品が「痩せる食事」です。

3 「痩せる炭水化物」とは

痩せる炭水化物の秘密は「食物繊維」

炭水化物とは、ごはんやパンなどに多く含まれる糖質と、食物繊維の総称です。ダイエットをする際には、この糖質を減らすことが多いです。ですが、実は炭水化物の中にも「太らない炭水化物」があります。

それは何かというと、「食物繊維」です。食物繊維は、野菜や果物に多く含まれていて、体内で消化されにくい成分です。食物繊維が多く含まれていることで、食事がゆっくり吸収され、満腹感も高まります。逆にジャンクフードなどの超加工食品には、この食物繊維が少ないため、たくさん食べてしまいがちです。

食物繊維の摂取がどれだけ体にいいのかを調べる研究結果では、毎日25g以上の食物繊維を摂取することで、体重や体脂肪率が減少することがわかっています。ですので、ダイエットをする際は、炭水化物を選ぶときに「食物繊維の量」をチェックするのがおすすめです。

食物繊維は病気の発症率、死亡率を下げる

食物繊維の多い炭水化物は体重を減らすだけでなく、コレステロールや血圧などを良好にするという研究結果も出ています。その結果、心臓病や糖尿病などの病気による死亡率、発症率のリスクの低下につながります。食物繊維を多く含む炭水化物は、痩せる炭水化物であるとともに、健康的な炭水化物なのです。そのためにも、1日あたり「25g以上の食物繊維」を摂取できるように、食物繊維を多く含む炭水化物をメニューに取り入れるようにしましょう。

白米から玄米に換えよう

では、どのような食品が痩せる炭水化物を含む食品なのでしょうか？　私たちがよく食べる白米や、パンやパスタ、ラーメンの材料である小麦粉は、実は「太る炭水化物」を多く含んでいます。これは精製された穀物であり、食物繊維が少なくなっています。一方、玄米や全粒粉のような未精製の全粒穀物は食物繊維を多く含んでおり「痩せる炭水化物」となります。ただし、食物繊維が多い食品でも、加工によって太る炭水化物に変わることがあります

皮つきのリンゴをそのまま食べると多くの食物繊維を摂取できます。しかし、リンゴの皮をむき、

ジャムやジュースにすると、食物繊維の量が大幅に減少します。また白米は元々玄米からつくられます。玄米には栄養豊富なふすまや胚芽がありますが、白米にする過程でこれらが取り除かれ、主に糖質だけが残ります。その結果、食物繊維が大幅に減少し、「太る炭水化物」になります。小麦粉も同様で、全粒粉から胚乳のみを取り出してつくられるため、食物繊維が少なくなります。

研究によれば、全粒穀物の摂取量を増やすことで肥満のリスクが減少し、一方で精製穀物を多く摂取すると、肥満のリスクが増加すると出ています。

ダイエットや健康を考えるなら、なるべく精製された穀物よりも全粒穀物を選ぶことが大切です。置き換え方としては白米→玄米やオートミール、小麦粉を使ったパンやパスタ→全粒粉を使ったパンやパスタ、お蕎麦などです。

4 「痩せる野菜」と「痩せる果物」はこれ！

痩せる野菜の見分け方

玄米などの全粒穀物に加え、食事に取り入れたいのが野菜と果物。野菜にはもっぱら「痩せる」というイメージがありますが、じつは「痩せる野菜」と「太る野菜」があります。

ハーバード大学では、特定の野菜や果物の摂取量と体重の関係について調査されています。

その結果、野菜や果物を多く摂取することで体重が減少する関連が確認されました。

特に効果的だったのは、大豆の他ブロッコリー、カリフラワー、ピーマン、ホウレンソウなどの緑の葉っぱの野菜です。これに対し、ジャガイモ（マッシュポテトも含む）、サツマイモ、トウモロコシは体重増加に関連していました。

中でも大豆には食物繊維、イソフラボン、タンパク質が豊富です。食物繊維は満腹感をもたらし、腸内の健康を促進します。イソフラボンは脂肪の蓄積を減少させ、インスリンの働きを正常に保つ効果があります。さらに、タンパク質は食事からのエネルギー摂取を抑える効果が確認されています。

また、ブロッコリーや緑色の葉野菜は、食物繊維が多いため、太りにくいです。一方、ジャガイモやトウモロコシは、糖質が多いため、太りやすい野菜ということになります。

痩せる果物の見分け方

果物は適度に摂ることで痩せる効果が多く認められる一方、太る効果は認められません。なかでも、痩せる効果がもっとも高いのは「ブルーベリー」です。他にはプルーン、リンゴ、イチゴ、ブドウ、グレープフルーツに高い減量効果が認められます。

ブルーベリーやプルーン、イチゴなどのベリー系の果物やリンゴやグレープフルーツには食物繊維とともにフラボノイドが豊富に含まれています。フラボノイドには抗酸化作用や抗菌作用があります。

近年では、フラボノイドの摂取は、筋肉が糖分をより効率的に使用するように活発化させる効果があり、脂肪細胞が糖分を取り込む量を減少させる働きも持っています。この結果、筋肉はエネルギーとして糖分を使用しやすくなり、脂肪の蓄積が抑えられるというわけです。

5 「痩せる脂質」「太る脂質」を知ろう

痩せる脂質と太る脂質はこれ！

ダイエットをするなら、トランス脂肪酸を多く含むもの、マーガリン、ショートニングを使用した超加工食品は避けましょう。また、飽和脂肪酸を多く含む肉の脂や加工肉は健康に悪く、太る脂質なので大量摂取は避けるべきです。

油ではリノール酸を含む大豆油やコーン油のかわりとして、オリーブ油を調理油として使用することをおすすめします。オリーブ油は含まれるポリフェノールも豊富で、熱にも強いため、調理油としては最適です。

そして健康によく、もっとも痩せる脂質であるαリノレン酸を多く含む、えごま油や亜麻仁油を摂取するようにしましょう。これらの油は熱に弱いため、スプーン1杯程度をドレッシングに使ったり、納豆や味噌汁などに加えて摂取するといいです。

さらにEPAやDHAの摂取量を増やすために魚を食べる頻度を高めると、ダイエット効果の促進になります。

もちろん、脂質はエネルギー密度の高い栄養素であるため、どんなタイプでも摂りすぎは体重の増加を招きます。設定した摂取カロリー量の範囲内で、「健康によくない太る脂質」の摂取量を減らし、「健康に良い痩せる脂質」の摂取量を増やすことが健康的で効果的なダイエットにつながります。

6　タンパク質は最強の「痩せる栄養素」

高タンパク質は体重の減少を促進する

ダイエットといえば「炭水化物」や「脂質」が注目されがちですが、ダイエット効果を高める食事の質を考える際にもっとも大切な栄養素が「タンパク質」です。

なぜなら、タンパク質は食べるだけで「食欲を減らし、エネルギー消費量を高めてくれる」からです。

タンパク質の摂取量を増やすと満腹感が高まり食欲が低下することで摂取エネルギーも減らすことができ、体重の減少にもつながります。

タンパク質の摂取はエネルギーをもっとも消費する

食事はエネルギーを補給するものと思いがちですが、同時にエネルギーを消費しています。それが食事誘発性熱産生です。食事誘発性熱産生は1日の総エネルギー消費量の10%で、仮に1日の総エネルギー消費量が2000kcalの場合、200kcalが食事誘発性熱産生による消費量になります。

3大栄養素のなかで、食事誘発性熱産生がもっとも高いのが「タンパク質」です。脂質が0～3%、糖質が5～10%であるのに対してタンパク質は20～30%もあります。

よって、タンパク質を多く摂取することで、食事誘発性熱産生を多くすることができるのです。

7 「痩せるタンパク質」と「太るタンパク質」

痩せるタンパク質① 「白い肉」

タンパク質といえば「肉」ですが、肉は次の3つに大別できます。・赤い肉（牛肉、豚肉、馬肉、羊肉など）・加工肉（ソーセージ、ハム、ベーコンなど）・白い肉（鶏肉）です。

「白い肉」と「赤い肉」にはどのような違いがあるのでしょうか?

ハーバード大学の研究では皮つきの鶏肉を食べると、体重が増加する傾向が見られた一方で、皮を取り除いた鶏肉を食べると、体重が減少することが示されました。

理由としては「エネルギー密度」と「飽和脂肪酸」に隠されています。高いエネルギー密度の食品は、同じ量を食べても多くのエネルギーを摂取することになり太りやすくなります。

赤い肉は太るタンパク質

赤い肉（例：牛肉や豚肉）や加工肉は高いエネルギー密度を持っている一方で、白い肉である鶏肉（特に皮なし）は、エネルギー密度が低いことがわかっています。

さらに、肉の太りやすさを決めるもう１つの要因として「脂質」があります。脂質には、体を太らせるものと、太りにくくするものがあります。飽和脂肪酸やトランス脂肪酸は「太る脂質」として知られ、不飽和脂肪酸は「痩せる脂質」として知られています。

赤い肉や加工肉は、高いエネルギー密度を持ちながら、太る脂質も多く含んでいます。このため、これらの肉は太りやすいと言われています。一方、白い肉は、エネルギー密度が低く、太る脂質も少ないため、太りにくい肉とされています。

痩せるタンパク質②「乳製品」

乳製品を食べると太るという研究報告がある一方、「ある条件下」であれば、痩せる食品であるという最新エビデンスがあります。

２０１６年のオーストラリアの研究機関が行った乳製品の摂取と体重に関する研究結果として、乳製品を多く摂取したグループでは、体重や体脂肪が減少し、筋肉量が増加するといういい効果が見られました。

ただし、注意点として、この効果はエネルギー制限ダイエットをしている人に限られるものでした。要するに、乳製品の摂取はダイエットの一環としてエネルギー制限（カロリー制限）をしているときに最も効果的ということがわかりました。

ヨーグルトは体重を減少させる

乳製品の中には牛乳、チーズ、ヨーグルトなどのさまざまな種類があります。

特に体重との関連性を考えると、ハーバード大学の２０１１年の研究によれば、牛乳やチーズは体重増加に顕著な影響を与えていないことが示されました。しかし、ヨーグルトの摂取は体重減少との関連が認められました。

また別の研究でも、砂糖が入っていないプレーンのヨーグルトは体重減少と強く関連しており、砂糖入りのヨーグルトでも体重減少の効果が確認されました。

結論として、ヨーグルト、特に砂糖が添加されていないものは最も体重を減少させる効果があると言えます。

ヨーグルトは痩せるおやつにもなる

現在では、乳製品に含まれる多くの栄養素が心臓病や糖尿病を改善する可能性が研究されています。

乳製品のなかでとくに注目すべきは、ヨーグルトです。エネルギー密度が低く、栄養豊富な食品であり、毎日食べられる柔軟性を備えた「痩せるおやつ」として最適です。

３時のおやつにヨーグルトとチョコレートを摂取させた研究では、ヨーグルトのほうがチョコレートよりも満腹感を高め、夕食時まで満腹感が継続したことが報告されています。

ヨーグルトの摂取は、腸内細菌のバランスを整えてくれるとともに、食欲を減らし、その後の食事のエネルギー摂取量も抑えてくれるというわけです。

痩せるタンパク質③「白身魚」

日本の食文化に深く根づいている「魚」も、バランスのいい栄養素を提供する食材として注目されています。中でも白身魚、例えば、鯛、カレイ、タラ、鰯、さわらは、低脂肪で高タンパク質、そしてアミノ酸スコアが高いことから、脂質の摂取量を気にするダイエットに積極的に取り入れたい食材です。

北海道大学の研究によれば、白身魚のタンパク質摂取が体脂肪の減少に寄与することが確認されました。被験者に鯛やタラなどの白身魚を中心とした食事を提供した結果、８週間後には体脂肪率の有意な減少が見られました。

さらに、白身魚はビタミンB群やミネラルも豊富です。これらの栄養素は、代謝の向上にも効果があります。そのため、ダイエット時の筋肉の維持や脂肪燃焼のサポートにも有効です。

また、心臓病の予防にも有効なオメガ３脂肪酸も含まれており、健康面でのメリットもあります。

痩せるタンパク質④「卵」

家庭でおなじみの卵も、ダイエットや筋トレをサポートするタンパク質源として注目されています。実際、卵はその栄養価の高さから「完全食品」とも評されるほどです。

卵には高品質なタンパク質が含まれているため、筋肉の修復や生成に役立ちます。さらに、卵のタンパク質は満腹感を引き起こす効果があり、食欲を抑制する役割も果たします。

2017年、ロンドンの研究によれば、朝食として卵を摂取することで、1日の間に摂取するカロリー量が低くなることが示されました。具体的には、朝食に卵を取り入れたグループは、その後の食事で摂取するカロリーが減少し、満腹感が長続きしたというデータも出ています。

また、卵にはビタミンDやB群、オメガ3脂肪酸など、心臓病や糖尿病のリスクを下げる成分も豊富に含まれています。卵黄に含まれるコリンは、脂質の代謝を助け、肝臓の健康を維持する効果も期待されています。

よって卵の摂取はダイエットの効果を高めるだけでなく、健康の維持や改善にもつながるというわけです。また卵は朝食や間食としても手軽に取り入れられるのも魅力の1つです。

痩せるタンパク質⑤「ホエイプロテイン」

いま、日本では近くのコンビニやスーパーでも手軽にタンパク質食品が手に入るような時代になりました。特にプロテインがダイエット効果を高めるということで数多くの種類が発売されています。

なぜプロテインにダイエット効果があるのかというと、筋肉の原料になる他、食欲を抑える効果があるからです。

２０１４年テヘラン医科大学では、ホエイとソイのプロテインによる長期的な食欲への影響を調査しました。食事の30分前に20g程度のプロテインを摂取した結果、ホエイ、ソイともに食欲を減少させることが示されました。

特にホエイはソイよりも食欲の軽減効果が大きいことが認められました。また、ホエイを摂取したグループは12週間で有意に体重が減少するとともに、筋肉量の増加があったということです。

この結果から、ホエイはソイよりも高い食欲の抑制効果があり、筋肉量の増加にも効果があると言えます。ちなみにホエイプロテインの摂取によって食欲を抑えたいときには、食事の30～45分前に摂取すると効果的です。

また、ホエイプロテインの摂取は、食欲を低下させるだけでなく、糖尿病や心臓病のリスクを軽減させることがわかっています。

このように、ホエイプロテインの摂取はダイエット効果を高めるだけでなく、糖尿病や脂質異常を改善することによって心血管疾患のリスクの低下にも効果があります。

プロテインパウダーと固形物のタンパク質はどう違う？

タンパク質の摂取は、すべてプロテインパウダーでもいいのでしょうか？

肉類から摂るタンパク質100gも、プロテインパウダーから摂るタンパク質100gも、どちらも分解されればアミノ酸100g。だったら、プロテインパウダーのほうが手軽で安く吸収効率もいいので、一見すると、肉類などの固形物から摂る場合よりもコスパがよさそうですよね。

しかし、固形物には、固形物にしかないメリットがあります。

タンパク質以外の栄養素の有無

肉、魚、卵などからタンパク質を摂ると、ビタミンやミネラルなどのほかの栄養素も摂取できます。身体にとって必要な栄養素をタンパク質以外も一緒に摂れるのは、固形物の大きなメリットです。

唾液の分泌

固形物を食べるときは咀嚼によって唾液が分泌されます。唾液は、口の中を清潔に保つ自浄作用や抗菌作用など、人体にとってかなり重要な役割を担っています。また、咀嚼によってレプチンという食欲抑制ホルモンが分泌されるので、満腹中枢が刺激され、食べ過ぎを防げます。

固形物にしてもプロテインパウダーにしても、それぞれにメリットとデメリットがあります。基本的な食事のタンパク質摂取は固形物からをベースにし、起床直後やトレーニングの前後などの速やかな補給が求められる場面ではプロテインパウダーというのが、賢い摂り方と言えそうです。自身の生活スタイルに合わせて取り入れていきましょう。

8　50代からのダイエットに効果的な食事のポイントまとめ

50代からの食事法8つのポイント

先述した栄養や食事のエビデンスを踏まえた上で50代からのダイエットに効果的な食事方法をわかりやすく8つのポイントにまとめてお伝えします。

50代からの食事法①：適切な摂取カロリーを計算する

どの年代にも共通することですが、摂取するカロリーが、消費カロリーを上回ってしまうと余ったエネルギーが体脂肪として蓄積されて太ってしまいます。自分自身の消費カロリーを把握して、1日の摂取カロリーの総量が消費カロリーを超えないように気を付けましょう。

また、50代からのダイエットで注意したいこととして、消費カロリーの基準値を大幅に下回らないことも大切です。

「カロリーを減らせば痩せる」というのは、短期的には体重は減るものの、過度に減らしてしまうと筋肉量が減少して長期的には太りやすい身体になります。

50代からのダイエットでは、自分の消費カロリーの範囲でバランスのいい食事を意識しつつ、習慣的な運動を継続することにより、筋力を増やしながら痩せられる食事方法を心がけましょう。

50代からの食事法②：タンパク質を意識した食生活をおくる

50代からのダイエットで重要なことは筋肉量を増やして、基礎代謝量を上げるということです。筋肉量を維持・増量するためには筋肉の材料となるタンパク質が必要不可欠です。必要なタンパク質量には個人差がありますが、1日で摂取するタンパク質は自分の体重×1・5〜2g程度のタンパク質を摂取することを意識しましょう。

タンパク質を多く食品の例として、鶏肉は100gで約20g程度、豆腐1パックで約8g、納豆1パックで約7g、卵1個約6gのタンパク質を摂取することができます。

これを知ると「意外と食べないと目標を達成できないな」と感じるのではないでしょうか。実際、日本人の一般的な食生活では、必要なタンパク質量を摂取することは困難だということが統計的にわかっています。食事だけで必要量を摂取できない場合は、プロテイン等の栄養補助食品やサラダチキンなどの高タンパク質な食品を活用することがおすすめです。

こうした食品を活用することで、必要以上にカロリーを取り過ぎずに必要なタンパク質量を確保しやすくなります。

タンパク質は筋肉をつくる働きだけではなく、髪の毛にツヤを与える効果や、肌質の改善、集中力アップなど、美容やパフォーマンスに影響するメリットがたくさんあるので、積極的に摂るようにこころがけましょう。

健康的なダイエットをするためにはタンパク質は不可欠です。

50代からの食事法③：過度な脂質を控える

「脂質」は、身体にとってのエネルギー源としてだけでなく、臓器を守る、ホルモンの原料になるといった、重要な役割を持つ栄養素です。

しかし、タンパク質や炭水化物は1gあたり4kcalなのに対し、脂質は9kcalと、高カロリーになっています。このように脂肪はエネルギー量が多く、過剰に摂取すると体脂肪として蓄積されてしまいます。

目安として、脂質から摂取するカロリー量は、全体のカロリー量の20％程度とするように意識しましょう。

悪い脂質や超加工食品は控えよう

「飽和脂肪酸」と「トランス脂肪酸」と言われる脂質は、摂取する必要がなく、健康によくない脂質だと言われています。厚生労働省が定めている「日本人の食事摂取基準」においても、トランス脂肪酸は、飽和脂肪酸と同様に、冠動脈疾患に関与する栄養素であるとの記述があります。

「飽和脂肪酸」はバターや生クリーム、バラ肉といった食材に多く含まれ、「トランス脂肪酸」はマーガリンやショートニングといった製品で、先述した超加工食品にも多く含まれています。これらの製品を摂取する際には十分に気を付けましょう。

特別なことがない限りは超加工食品の摂取を避けたほうが望ましいです。

50代からの食事法④：炭水化物は制限するのではなく、選ぶ

50代からのダイエットでは炭水化物の過度な制限に注意しましょう。低糖質ダイエットと呼ばれる、糖質を抑えるダイエット方法が流行していますが、炭水化物を極端に制限しすぎると、ストレスがたまるだけでなく、筋肉量が減ってしまう可能性があります。50代からのダイエットでは糖質制限をせず、適量をしっかり摂ることを意識しましょう。

ただし、量を食べても太りづらい炭水化物を選ぶことがおすすめです。白米よりも玄米、うどんよりもそばといった具合に、炭水化物の中でも食物繊維が豊富なもの、血糖値が上がりにくい食材（GI値が低い食材）を選ぶとダイエット効果が期待できます。

50代からの食事法⑤：食べる順番を意識する

普段の食事で食物繊維を多く含む食材を先に食べることによって、血糖値が急上昇しづらくなり、同じものを食べても体脂肪がつきづらくなると言われています。

空腹時は特に糖を吸収しやすく、その状態で糖質を摂取すると、急激に血糖値が上がり、インスリンというホルモンが分泌されます。

インスリンには血中の糖分を脂肪に変えてエネルギーとして使わなかった糖質を脂肪として蓄積する働きがあります。しかし、食物繊維の働きによって血糖値の急上昇が抑えられます。

この性質を利用するため、野菜やきのこ類などの食物繊維を多く含む食材から食べ、糖質を多く

含むご飯類や麺類を最後に食べるようにすることでダイエット効果を期待できます。

50代からの食事法⑥：お菓子の内容に気を付ける

年代に限らず、ダイエット中はお菓子からの糖質や脂質の摂取は控えたいものです。しかし、更年期前後はホルモンバランスの影響で自分自身をコントロールすることが大変な方も多くいらっしゃいます。

あまりにも制限しすぎてストレスを抱えてしまうくらいなら、お菓子を制限しすぎずに適度に楽しむことがおすすめです。

しかし、お菓子を食べる場合は内容に気を付けるようにしましょう。制限するのではなく、選択することによって、多少のお菓子であれば食べても大丈夫です。

コンビニの新作スイーツや、ケーキといった洋菓子は、脂質と糖質がたっぷり入っているので、なるべく控えるようにしましょう。

ダイエット中におすすめの間食は和菓子です。みたらし団子や大福といった和菓子であれば、脂質が少なく、甘みもあるのでおすすめです。

しかし、いくらでも食べてもいいわけではないので、あくまでもカロリー計算内で、自分自身をコントロールすることが肝心です。食べ過ぎには注意しましょう。

糖尿病の傾向がある方は血糖値の上昇を促すため、特に気をつけてください。

50代からの食事法⑦：朝食を抜かない

朝食を摂らないほうが「カロリーが抑えられるから痩せる」と考える人が一定数いらっしゃいますが、朝食を抜くことはおすすめしません。

もちろん、摂取カロリーを減らすという観点ではある意味正解ではありますが、朝食を摂らないことによって昼食以降の量が増えてしまったり、頭が回らなくて仕事のパフォーマンスを落としてしまってはよくありません。

また、毎朝の決まった時間の食事が習慣化できると、体内時計を整える効果も期待できます。これによりダイエットに欠かせない睡眠の質を向上させて、疲れをとり、ストレスを軽減してよりダイエットに向いた体質づくりに役立ちます。50代のダイエットでは、生活習慣を整えていくことも大切です。朝食は食べ過ぎない程度に、食べるようにしましょう。

50代からの食事法⑧：お酒は控える

50代になると体の代謝機能や筋肉量が低下しやすい年齢です。お酒にはダイエットに悪影響を与える効果がいくつかあるため、ダイエット中の飲酒は控えることをおすすめします。

お酒を控えたい理由①脂肪代謝が低下して太りやすくなる

アルコールを摂取すると、肝臓は脂肪の燃焼よりもアルコール分解を優先して働きます。そのため、摂取したエネルギーが代謝されずに中性脂肪として蓄積されやすくなるため、お腹周りが太りやすくなります。

特に脂肪を蓄積しやすい50代の場合はお酒を控えることで、肝臓の機能を取り戻してエネルギー代謝の効率をＵＰさせることができます。

お酒を控えたい理由②筋肉が増えるのを阻害してしまう

お酒を大量に摂取すると、筋肉が増えることに関与するホルモン「テストステロン」が減少してしまいます。これにより、タンパク質が筋肉を増やすことにつかわれにくくなり、筋トレの効果が低下してしまいます。

50代は「テストステロン」の分泌量が、若い頃と比べて低下している年代なので、飲酒をしてしまうとなかなか筋トレの効果を実感しづらい体質になってしまうでしょう。

お酒を控えたい理由③食欲増進作用による食べ過ぎ

アルコールには、食欲増進作用があるためダイエット中は控えていただきたいです。アルコール飲料自体が高カロリーなことに加えて、つい高カロリーなおつまみや食事を食べてしまいがちです。

唐揚げやフライなどお酒にあう料理は、脂質や糖質が多く含まれているため、ダイエット中は飲酒を控えていただくのがおすすめです。

それでもお酒を我慢できない方へ

お酒を控えたいと思っていても、いきなり次の日から断酒するのは難しいことだと思います。ダイエットは継続が大切なので、禁酒によるストレスから爆発してリバウンドしてしまっては元も子もありません。

まずは、お酒を飲む量を減らすということからはじめていきましょう。徐々にお酒を飲む量を減らして、目標を達成したときのご褒美として飲むように習慣を変えていくといいでしょう。

また、どうしても飲まなくてはいけないときにはおつまみの種類に気を付けましょう。焼き鳥を食べるときには、脂身の多い「鶏皮」を避けて、「もも」や「ささみ」をチョイスするようにしてください。他にも刺身や冷や奴、枝豆といったヘルシーで高タンパク質なおつまみを選ぶようにすると、急な飲み会でも対応できます。

太りにくいお酒と太りやすいお酒

ダイエット中におすすめのお酒は糖質の低い蒸留酒です。ウイスキー、ウォッカ、ジン、焼酎などがそれに当たります。飲み方としては炭酸水で割ってハイボールや生レモンサワーにしたりお湯割りなどにするのも糖質オフなのでオッケーです。ただし飲み過ぎには気をつけましょう。

逆に太りやすいお酒はビールや日本酒、梅酒、マッコリ、カクテルなどの糖質の高いものです。甘くて飲みやすいお酒は要注意、と覚えておきましょう。

第5章　ダイエット効果を高める運動とは

1　日常生活でいかに多く動くかがダイエット成功のカギ

運動も習慣化することが大切

ここまでお伝えしてきたように、痩せるためには食事の改善が欠かせません。多くの人が特別な運動をしなくても、食生活や生活習慣を整えることで標準的な体型にはなれると思います。

ただし、筋肉量は加齢によって減っていくので、体型を維持するためにも運動は大切です。運動には、体脂肪が減少するほか、筋肉を増やしたり維持したり、ストレス解消、睡眠の質の向上などさまざまなメリットがあります。

そして何より、運動は続けていくことが大切です。ダイエットのための運動というと、多くの人がジム通いやジョギングなどをイメージするでしょう。もし、あなたが運動好きならば、今すぐに筋トレやジョギングに取り組んでもいいです。

しかし、特に運動が好きではない人や、運動する時間が取れない人が大半ではないでしょうか。そしてそのような人がジム通いやジョギングなどを始めても、三日坊主で終わってしまうことが多いです。

たとえ一時的に頑張って痩せたとしても、運動をやめてしまえば体型は元に戻りますし、日常生活で座っている時間の長い人はジムに通っていても肥満度が高いことが報告されています。

まずはいきなりきつい運動を始めるより、日常生活での活動量を増やして習慣化しましょう。食事改善と同じように運動も習慣化することが大切です。そこができてから本格的な筋トレを始めても遅くないです。

ではそれらを踏まえた上でこの章では効果的な運動についてエビデンスを基に紐解いていきます。

いかに日常での活動量を増やせるか

先述したように私たちの１日の消費エネルギー量は、基礎代謝・活動代謝・食事誘発性熱産生（ＤＩＴ）の３つで構成されています。

この中の約３割を占める活動代謝を、厚生労働省では「活動代謝＝運動＋生活活動」と示しています。生活活動は、日常生活における労働、家事、通勤などを指します。運動と生活活動の平均的な割合は、実は生活活動が９割ほどもあります。

なので、まずは生活活動量を増やすことが、日々の消費エネルギーを高めるポイントです。日常生活の中で歩く時間を増やしたり、座りっぱなしの時間を減らしたりするなど少しずつ動く時間を増やしていきましょう。

「１日１万歩」よりも早歩きや階段のほうが効果的

生活活動の中で最も意識したいのが「歩くこと」です。新型コロナウイルスの影響でリモートワークが増えたことで、ここ1～2年で歩数が大幅に減っている人も多いです。

厚生労働省の「健康日本21」では、目標歩数を20～64歳では男性9000歩、女性8500歩とし、65歳以上は男性7000歩、女性6000歩とされています。

しかし、歩数以上にダイエット効果が期待できるのが、「速く歩くこと」です。東京都健康長寿医療センターの研究によると、「1日8000歩でそのうち20分は早歩き」を実践している人は、糖尿病や高血圧症などの発症率が、身体活動の低い人に比べて低いことがわかりました。

また、「不定期のジム通いよりも、毎日の階段のほうが減量効果が高い」というユタ大学の研究報告もあります。まとまった時間が取れなくても普段から早歩きなどを習慣にしてしまえばダイエット効果はより高まるといえます。

特に階段の上り下りは早歩き以上の運動強度があるので、駅などではエレベーターやエスカレーターよりも階段を選ぶのはおすすめです。

姿勢を整えるだけでも代謝はアップする

姿勢は健康や体型を維持するためにも重要です。猫背や反り腰、そして長時間の座り姿勢は、代謝を低下させ、結果として体脂肪を蓄積しやすくするリスクが高まります。そういった姿勢の悪さは、日常生活でのさまざまな場面、例えばデスクワークやスマートフォンの使用時に現れます。

特に現代社会では、長時間座って仕事をすることが多いため、どうしても姿勢の悪化が進んでしまいます。しかし、もし座る時間を減らすことが難しければ、少なくともその座り方や姿勢を意識して改善することで、ダイエットにも効果があります。

具体的には、猫背を防ぐために椅子やデスク、そしてパソコンの位置を適切に調整するなどです。目線が自然に少し下を向くように位置を調整することで、背筋が自然に伸び、いい姿勢を保つことができます。

日々の立ち姿勢において理想的な姿勢は、耳の穴、肩、外くるぶしの３点が一直線になること。頭が上からひもで吊られているようなイメージを持つことで、背筋をしっかりと伸ばすことができます。

姿勢を正すことは、初めは難しく感じるかもしれません。しかし、日々の意識と継続により、良い姿勢は体に定着します。正しい姿勢を身につけることは、見た目にも健康にもメリットがあり一生の財産となります。

呼吸も運動の一部

深い呼吸はエネルギー消費量を増やし、代謝を活発にする効果があります。深い呼吸を繰り返すと、体が熱くなってくるのを実感できると思います。

そもそも呼吸は、横隔膜や肋間筋、腹横筋など呼吸筋といわれるお腹の深層部の筋肉で肺を動かして行われます。私たちは１日に約２万〜２万５０００回もの呼吸をしているので、運動する時間がないという人は、普段の呼吸を深いものにするだけでもちょっとした運動になります。

パソコンやスマホを見ながら、家事をしながら、テレビを見ながら……など日常生活の中で深い呼吸を意識するとさらに効果的です。

ダイエット効果を引き出す呼吸とは

呼吸でダイエット効果を引き出すポイントは、
（1）鼻から吸うこと
（2）息を吐き切ること
この2点です。
（1）については、鼻から吸うと空気が口腔より狭い鼻腔を通るので、呼吸筋がより使われて消費エネルギーが増えるためです。吐くのは口からでも構いません。
（2）については、無意識の呼吸だと息を吸うときには筋肉を使いますが、吐く時は筋肉を緩めるだけで呼気が外に出ていくため筋肉が使われません。意識的に長く吐き切ることで呼吸筋を鍛えることにつながります。
さらに、この2つのポイントを押さえた呼吸法としてお伝えしたいのが「4・4・8呼吸法」です。4秒カウントで息を吸い、次の4秒で息を止めます。最後に8秒かけて息を吐き切ります。吸う際には手をお腹に当てて、お腹が膨らむのを意識しましょう。途中で4秒止めることで全身に酸素が行き渡りやすくなります。

これはメジャーリーガーなどのトレーニングにも導入されている方法で、リラックス効果も期待できます。仕事で緊張を感じた時など日常的に取り入れるとパフォーマンスアップにもつながります。

2　運動は食欲を抑えて、睡眠を改善する

運動は食欲を抑える

週に一度といった一過性の運動をするだけでも、その後の食欲を抑えることができることがわかっています。

また、習慣的に運動をしていると、食事による満腹感を得やすくなり、間食をしなくなることで空腹感をしっかり生じさせることができ、食欲のリズムを整えてくれます。このように運動は食欲への効果によって過食を回避し、リバウンドを防ぐことが期待できます。さらに運動による効果は食欲抑制だけではありません。

運動は睡眠時間を延ばし、睡眠の質を高める

有酸素運動や筋トレが睡眠時間と質を向上させる効果があるという研究結果があります。

ピッツバーグ大学の研究チームは、有酸素運動や筋トレが睡眠にどのような影響を与えるかを調

査した結果、一度だけの運動でも、継続的な運動でも、どちらも睡眠時間を増やし、入眠までの時間や睡眠効率といった睡眠の質を改善することが明らかにされました。

特に継続的な運動は、一度だけの運動よりも睡眠時間と質をより大きく改善する傾向が見られました。さらに、運動が肥満による睡眠問題の1つである睡眠時無呼吸症候群に対する改善効果も持っていることが示されました。

これらの結果から、有酸素運動や筋トレなどの運動は睡眠時間を増やし、睡眠の質を向上させるだけでなく、睡眠時無呼吸症候群の改善にも効果があることがわかっています。

3　リバウンドを防ぐ筋トレの方法

リバウンドを防ぐ「筋トレ」

ダイエットでリバウンドを引き起こす主な要因の1つは、食事制限による筋肉量の減少です。このリバウンドを防ぐために有効な運動が「筋トレ」、つまり筋力トレーニングです。そこで、ここでは効果的な筋トレの方法と、適切なタンパク質の摂取方法を紹介します。

筋トレ＋有酸素運動＝リバウンドの防止

ダイエットにおいて運動の目的は大きく分けて2つ、体重を減らすこととリバウンドを防ぐことがあります。多くの人がダイエットに有効だと考える有酸素運動と筋トレのどちらがより効果的なのか、それについてマドリード工科大学が2021年に調査を行いました。

具体的には、6か月間のダイエット後に食事管理と運動を継続し、3年にわたり体重の変化を調査しました。被験者は「有酸素運動のみ」、「筋トレのみ」、「筋トレ＋有酸素運動」の3つのグループに分けられました。

そして調査の結果、体重や脂肪量の増加が最も少なかったのは、筋トレと有酸素運動を組み合わせたグループだったのです。これに次いで筋トレのみを行ったグループ、そして有酸素運動のみを行ったグループの順に効果がありました。

さらに同じ年に、ユニバーシティ・カレッジ・ダブリンでも「筋トレ＋有酸素運動」のダイエット効果についての調査が行われました。その結果、「有酸素運動のみ」や「筋トレのみ」よりも、「筋トレ＋有酸素運動」が体重減少に最も効果的であり、さらに心肺機能を高めることが示されました。

つまり、ジョギングなどの有酸素運動だけでは、筋肉量の十分な増加は期待できないということです。筋トレを加えることで、ダイエットによる筋肉量の減少を補うことができ、その結果リバウンドを防ぐ効果が高まるというわけです。

筋肉を増やすには重い重量を挙げないといけないの？

筋トレにより筋肉が増えることを「筋肥大」と呼びます。これまで筋肉を増やすためには、重い重量を使った「高強度トレーニング」が必要だとされてきました。

しかし、新しい研究では「筋肥大は、運動の強度ではなく『総負荷量』で決まる」というものが確立されてきています。つまり、必ずしもハードなトレーニングである必要はないということなのです。

「総負荷量」は、トレーニングの重さや回数、そしてセット数を組み合わせた数値を表しています。
・総負荷量＝重さ×回数×セット数
言い換えれば、運動強度が低くても回数やセット数を増やすことで、最終的には高強度トレーニングと同じ効果を得られるのです。

これは「筋トレはキツい、つらい」というネガティブな印象を覆す革新的な発見です。特に、筋トレが初めての人や苦手意識のある人にとっては大きな朗報です。

筋トレするなら「低強度」がオススメ

ダイエットで筋トレを行う目的は、筋肥大の効果と脂肪の減少です。高強度なトレーニングの場合はエネルギーとして主に糖が使われるため、脂肪は効率的に減少しません。

つまり、筋トレも低強度トレーニング（有酸素性代謝）によって脂肪が減少しやすくなるのです。

2019年にカンピーナス州立大学が行った研究でも同様の結果が出ています。被験者に対し、最大筋力の80％（高強度）トレーニングと、30％（低強度）トレーニングを行った場合、低強度のほうがエネルギー消費量は多くなったと示されています。

実際に私のパーソナルトレーニングを受けていただいているお客さまも、低強度のトレーニングを行うことで筋肉量が増え、体脂肪が減るという結果が出ています。

1回に多くの筋肉を使うトレーニングが効果的

ダイエットの成功を維持し、リバウンドを防ぐためには、筋トレと有酸素運動を組み合わせて行うことがよいとされています。しかし、日々の忙しい生活の中で、十分な時間をトレーニングに費やすのは難しい方も多いと思います。そういった場合、短時間で効果を実感できる筋トレメニューが求められます。

筋トレメニューは、目的（ダイエットの他、筋力アップ、筋肥大、パフォーマンス向上など）によって変わります。

筋トレの方法は大きく分けて2つに分かれます。1つは「単関節トレーニング」で、これは1つの関節を使って行うトレーニングで、アームカール（ダンベルを持って腕を曲げ伸ばしする筋トレ）がその例です。

もう1つは「多関節トレーニング」で、これは複数の関節を使って行うトレーニングで、スクワットやベンチプレスがその例です。単関節トレーニングよりも多くの筋肉が使われます。

短時間で全身の筋肉量を増やすためには、これら2つのトレーニング方法の中でどちらが効果的なのか、イタリアのパドヴァ大学が研究を行いました。

その結果、多関節トレーニングのほうが筋力と最大酸素摂取量の増加が顕著でした。これは、有酸素運動と同じ、もしくはそれ以上の効果があると考えられ、脂肪量の減少にも効果的だということです。

よって、ダイエットやリバウンド防止の目的で筋トレを行う場合、スクワットやベンチプレスなどの多関節トレーニングを、低強度で高回数実行することがおすすめです。時間が許せば、単関節トレーニングを追加することで、筋肥大効果も高めることも可能になります。

4　筋トレの効果を高めるタンパク質の摂取方法

タンパク質の効果的な摂り方

筋トレの方法を解説してきましたが、筋肉を増やすためには、筋肉の原料となる「筋タンパク質」の生産量が、その分解量を上回らなければなりません。

筋トレをしたタイミングで合成の材料になるタンパク質をしっかり摂取することが、筋肥大を助けるというわけです。

ではタンパク質はどう摂ればいいのでしょう？　ポイントは「質」、「量」、「タイミング」の3点です。

まず、「質」の高いタンパク質とは何かというと、９つの必須アミノ酸を十分に含むもののことを指します。食材でいうと、肉類、乳製品、プロテイン、豆類などがこれに該当します。

栄養の章でも説明しましたが、太りやすい赤身の肉は避け、太りにくい鶏肉などを選ぶようにしましょう。また、食欲を抑える効果があるホエイプロテインの摂取もおすすめです。

次に、「量」についてですが、筋肥大を促すためには、「体重１kgあたり１・５g〜２g」のタンパク質摂取が効果的とされています。カロリー計算のステップで計算した通りです。効率的に筋トレを行うなら、この量を目指しましょう。

そして、最後に「タイミング」ですが、筋トレにより筋タンパク質の合成効率が高まるのは、「筋トレ後の24時間」です。その期間にタンパク質を摂取することで、筋タンパク質の生産量を最大限に引き上げることができます。

さらに、タンパク質の摂取パターンも重要です。例えば、70kgの人が筋トレ後に摂取する推奨量を１０５g（70×１・５g）とします。もし夕方に筋トレを行ったとするなら、その日の夕食、寝る前、次の日の朝食と昼食で、その１０５gを分けて摂取するといいということになります。

具体的には、夕食に40g、寝る前に20g、朝食と昼食に各30gずつという目安です。

ただし、これまでにタンパク質を意識していなかった人は、一度に多くのタンパク質を摂るのは難しいと思います。その場合は間食にプロテインや高タンパク質ヨーグルトなどを食べるといった小分けにして摂取することをオススメします。

5　正しい有酸素運動の方法とは

有酸素運動で最適な「運動強度」

ダイエットのための有酸素運動といえば、ジョギング、サイクリング、スイミングなどです。ここでは、脂肪を最大限減らすための運動強度、運動時間、運動様式を紹介します。まずは、もっとも脂肪を減らす「運動強度」について見ていきましょう。

ジョギングやサイクリングをする際、ただやみくもにやれば身体の脂肪が燃えるわけではありません。

身体が運動のためのエネルギーを得るのに使うのは、主に脂肪と糖です。これらがどれだけ使われるかは、運動の強度によって変わります。

マーストリヒト大学の研究では、「隣と会話できるくらいの運動強度」が最適と発表しています。彼らが行った実験では、30分間自転車に乗り、運動の強さを徐々に高くしていきました。その際の筋肉の血中の糖と脂肪の使用状況を見てみると、運動強度が40〜60％のときに、脂肪が一番減少しました。また、強度が75％になると、脂肪の燃焼率は減少しました。

つまり、「隣と会話ができるくらい」の運動強度が一番いいということが言えます。運動が激しくなりすぎて息が荒くなると、身体は脂肪よりも糖を使うようになってしまうというわけです。

目安の運動強度を算出しよう

では、具体的にどの程度の運動強度がいいかというと、自身の最大心拍数から導き出すことができます。「心拍数」とは、1分間に脈がどれだけ動くかを数えたものです。

適度な運動強度というのは、最大心拍数の40～60％くらいの心拍数で運動をすることです。最大心拍数は「220－年齢」で求めることができます。

例えば50歳の場合、中強度（60％）の運動をするときの最大心拍数は170（220－50）。

つまり、適度な運動強度のときの心拍数は、1分間に110回（170×0・6）となります。

有酸素運動の効果的な「運動時間」

「どのくらいの時間で有酸素運動をすれば、体脂肪が減りやすくなるのか？」という問いに、現在の運動科学は「30分以上続けること」を推奨しています。

有酸素運動を開始して少し経つと、脂肪と糖質のうち身体はエネルギーとしてまず糖質を優位に使います。そこから30分以上運動を続けると、そのエネルギー源が脂肪に切り替わります。

つまり、短時間だと糖質が優位に使われますが、長い時間運動すると脂肪が優位に使われるようになるのです。

テキサス大学の研究によれば、長い時間運動を続けると、脂肪の燃焼速度が高まり続けることがわかりました。特に、運動が始まってから30分以降で脂肪の燃焼速度が急速に上昇しました。

これは、運動を続けることでアドレナリンが増え、リパーゼという酵素が活性化し、脂肪を分解して血液中に放出するメカニズムからきています。

よって、これらの研究結果から、有酸素運動で脂肪を効果的に燃やすには、「30分以上」運動することが重要だということがわかります。

有酸素運動で最適なのはジョギングか？　サイクリングか？

「中強度の運動を30分以上続けるとき、ジョギングとサイクリングのどちらが体脂肪を効率的に燃焼させるの？」という質問に対して、バーミンガム大学やケープタウン大学の研究では、次第に強度が高くなるジョギングとサイクリングの運動テストを行い、どちらが脂肪を早く燃やすかを計測しました。

その結果、どの強度でも、ジョギングのほうが脂肪をより多く燃焼するという結果が出ました。

では、なぜジョギングのほうがサイクリングよりも脂肪を効率的に燃やすのでしょうか？　理由は2つあります。

1つ目は、ジョギングは全身を使う運動であり、サイクリングは主に脚を使う運動であるからです。サイクリングでは脚に強く負荷がかかるので、エネルギー源として糖質が優先的に使われ、脂肪の分解は減るというわけです。

2つ目は、ジョギングとサイクリングで使う筋肉の種類が異なるからです。ジョギングでは遅筋が主に使われ、サイクリングでは速筋が主に使われます。速筋は主に糖質をエネルギー源とするため、脂肪の分解は少なくなります。

これらの理由から、より多くの脂肪を燃焼させるためにはジョギングがよいと言われています。

6 〝部分やせ〟はできない？

腹筋だけをしても、お腹はスリムにならない

ダイエットや筋力トレーニングに関する多くの本やネットの動画では、「特定の部位をトレーニングすることでその部位を痩せさせることができる」、「腹筋を鍛えればお腹がへっこむ」などといった「部分痩せ」を推奨する内容がみられます。

しかし、現代のスポーツ医学はそのような考え方に対して警鐘を鳴らしています。

２０１１年に南イリノイ大学エドワーズビルが行った研究では、「腹筋を行うグループ」と「何も行わないグループ」に被験者を分け、前者に対して６週間の腹筋トレーニングを行いました。

その結果、腹筋グループのトレーニング前後の体重、体脂肪率、腹部脂肪率に有意な減少は認められず、腹部皮下脂肪量やウエストサイズにも減少は見られませんでした。

つまり、これらの研究結果によると、残念なことに特定の部位を筋トレするだけではその部位の脂肪は減らないということが示されています。

筋トレやエクササイズは、特定の場所の脂肪を燃焼させることはなく、全体的なカロリー消費や筋肉の発達に効果があります。そのため、腹筋をしたからといって腹部の脂肪が減るわけではなく、腕の筋トレをしたからといって二の腕の脂肪が減るわけではありません。

細くしたいなら、まず食事管理から

あなたが体の特定の部分を細くしたいと思っているのなら、まず初めに行うのは「食事管理」です。なぜかというと、食事管理は運動よりも体脂肪を落とす効果が高いからです。

そして、食事管理と共に取り組むのは有酸素運動です。有酸素運動を行うことで、腕や腹部の皮下脂肪や内臓脂肪を効果的に燃焼できます。食事管理と有酸素運動を長期的に続けることで、最終的には脚の脂肪も自然と減っていくでしょう。

筋トレを取り入れたい場合は、先述しましたが特定の部位だけを鍛える（単関節トレーニング）よりも、スクワットやベンチプレスのような全身を使うエクササイズ（多関節トレーニング）を取り入れることをおすすめします。

この方法であれば、ダイエット効果を高めつつ、筋肉も同時に成長させることができます。

「自分が痩せたい部位だけを鍛えれば、その部分だけ細くなる」と思うのは自然なことかもしれません。しかし、エネルギー代謝や脂肪燃焼の仕組みを理解すれば、部分痩せの難しさがわかるはずです。

このように現代の運動科学は、時に厳しい現実を教えてくれます。それは「ダイエットは計画的に、一歩ずつ進めることが成功への最短距離だ」と言えます。

つまり、ダイエットはきちんと筋道を立てて行うことこそが、成功への近道ということなのです。

7　50代からのダイエットに効果的な運動ポイントまとめ

50代からの運動3つのポイント

50代からのダイエットでは、栄養バランスのよい食事だけでなく、適度な運動を習慣化することが重要です。では、どんな運動を行えばいいのかをポイントでまとめました。

50代からの運動①：大きな筋肉を鍛えよう

大きな筋肉とは、下半身では太もも、上半身では胸や背中の筋肉を指します。これらの筋肉を鍛えることで、次のメリットが得られます。
基礎代謝の向上：筋肉は〝エネルギーを消費する組織〟として知られています。筋肉量を増やすことで、日常生活中のカロリー消費が向上します。特に大きな筋肉群を鍛えることで、効率よく筋肉量を増やし、基礎代謝を高めることが可能です。
身体のバランスの向上：大きな筋肉群は体のバランスをサポートする役割も持っています。これらの筋肉を強化することで、日常生活の動作がスムーズになり、怪我のリスクも低下します。

おすすめの筋トレ

スクワット：太ももや臀部の筋肉を効果的に鍛えることができる基本的なエクササイズ。正しいフォームで行うことで、膝への負担を減少させつつ、筋肉を強化することができます。

ランジ：太ももや臀部の筋肉をターゲットにしたエクササイズで、踏みこむ動作により、左右の筋肉のバランスも整えられます。

プッシュアップ：胸や肩、上腕の筋肉を鍛えるエクササイズ。腹筋や背筋も同時に使うため、全体的な上半身のトレーニングとしても効果的です。

などです（次のセクションで、おすすめの筋トレ5選としてやり方を詳しく説明しています）。

50代からの運動②：有酸素運動で脂肪を燃やそう

有酸素運動は、酸素を利用してエネルギーを産生する運動です。特に持続的に行うことで、脂肪を燃焼させやすい状態をつくれます。また、心臓や血管の機能を向上させる効果もあります。

適切な運動強度は、自身の最大心拍数を基に考えるとよいでしょう。最大心拍数は「220－年齢」の公式で計算することができます。

この最大心拍数の40～60％の心拍数で運動をすることが目安となります。

具体的には、「会話ができるくらいの強度」での軽いジョギングや早歩きが最適です。

また、有酸素運動の効果を最大限に引き出すためには、１回の運動時間を30分以上とすることが推奨されています。この時間を確保することで、脂肪燃焼の効果を高めることが可能です。

50代からの運動③：運動後、24時間以内にタンパク質を摂取する

筋トレにより筋タンパク質の合成効率が高まるのは、「筋トレ後の24時間」です。その期間にタンパク質を摂取することで、筋タンパク質の生産量を最大限に引き上げることができます。

特に運動後30分以内の時間帯はタンパク質の吸収率が高く、トレーニング後に不足しているタンパク質を効率良く吸収できる時間帯です。タンパク質やアミノ酸を補給することで、筋肉に栄養を与えることができ、筋トレの効果を上げることができます。

運動後のタンパク質補給にはプロテインを取り入れるのがおすすめです。個体よりも液体のほうが吸収速度が速いためゴールデンタイムを有効的に活用できるだけでなく、運動直後の疲れた身体でも飲みやすいというメリットがあります。

最近注目を集めているプロテインに、抵抗を感じていらっしゃる方が時々いらっしゃいますが、プロテインはあくまでも栄養補助食品に分類されます。タンパク質を多く含む食品なので、安心して取り入れましょう。

今は薬局やコンビニでも簡単に手に入るうえ、味や種類も豊富なので、自分にあったプロテイン

を探してみてください。

筋トレは毎日せず、休息日を設ける

筋トレに休息日を設けるメリットは2つあります。

①筋トレ後に筋肉を休ませることで筋肉を成長させる効果

②無理なく継続するための休憩時間をつくる効果

トレーニングをした筋肉は、休息して回復させることによって、成長する性質があります。部位にもよりますが、筋トレで負荷をかけた筋肉が回復する目安の期間として、筋トレ後2～3日程度休ませるのがいいとされています。

個人差や目的の違いによって変わりますが、上半身と下半身でそれぞれ分け、上半身のトレーニング→休息日→下半身のトレーニング→休息日といったイメージで習慣化するのが理想的です。休んで栄養を与えることで筋肉が増え、基礎代謝が上がる効果を期待しましょう。

8　50代からのダイエットにおすすめの筋トレ5選

50代からのダイエットにおすすめの筋トレを5つ紹介します。

図表5～9のフォームを参考にしながら、取り組んでみてください。

①スクワット（太もも、お尻）

［図表5　スクワットのフォーム］

①　まず、足を肩幅くらいに開き、腕を前に伸ばしてつま先は少し外向きにします。
②　背筋をしっかりと伸ばし、お腹を引き締め、しっかりと足を地面に着けます。
③　息を吸いながらゆっくりと腰を後ろに突き出し、膝を曲げて下に降りていきます。この時、膝はつま先よりも前に出ないように注意します。
④　太ももが地面と平行の位置まで下りたら、息を吐きながら元の姿勢に戻ります。
⑤　動作を繰り返します。目安は10回をゆっくりおこない、徐々に回数を増やしていきましょう。

注意点

・膝がつま先よりも前に出ないように気を付けてください。膝への負担を減少させることができます。
・背筋を常にまっすぐに保ち、背中を丸めないようにしましょう。

②ステーショナリーランジ（太もも）

［図表６　ランジのフォーム］

①　まず、片足を前に、もう片足を後ろに大きく踏み出すような姿勢をとります。両足の間隔は2歩分ほど広くとり、腰に手をあてます。
②　背筋をしっかりと伸ばし、お腹を引き締めバランスを取ります。後ろ足のかかとは上げます。
③　息を吸いながら、前の足はそのままの位置で、後ろの足の膝を床に向けて下ろします。この時、前の足の膝はつま先よりも前に出ないように注意します。
④　後ろの足の膝が地面に近い位置まで下りたら、息を吐きながら元の姿勢に戻ります。
⑤　動作を繰り返します。目安は10回をゆっくりおこない、徐々に回数を増やしていきましょう。
　足の位置を交代して同じ動作を反対でも行います。

注意点
・前の足の膝がつま先よりも前に出ないように、また背中を丸めないようにしていきましょう。

③膝つきプッシュアップ（胸、二の腕）

［図表7　プッシュアップのフォーム］

①マットの上膝をつき、四つん這いの姿勢を取ります。
②両手を肩幅より少し広く開き、手のひらを床にしっかりと着け、上半身を前傾させます。
③息を吸いながら、肘を曲げて上半身をゆっくりとマットに近づけます。この時、背中はまっすぐに保ち、お尻を突き出さないようにします。
④最も低い位置になったら、息を吹きながら、上半身を持ち上げて初めの姿勢に戻ります。
⑤動作を繰り返します。目安は10回をゆっくりおこない、徐々に回数を増やしていきましょう。慣れたら膝を床から離して行うと強度が上がります。

注意点
・背中や腰を湾曲させず、全身が一直線になるように気を付けましょう。

④タオルラットプル（背中）

［図表８　ラットプルのフォーム］

①　背もたれのある椅子に背筋をしっかり伸ばして座ります。タオルを両手で持ち、手の位置は肩幅よりやや広めにします。

②　両手を上に伸ばし、タオルを頭上に持ち上げます。この時、タオルはしっかりと引っ張ります。

③　深く息を吸いながら、タオルをゆっくりと首の後ろの方向へ引き下ろします。この時、肘は体の側面に沿って動かします。

④　肩甲骨を寄せて背中の筋肉をしっかり収縮させ、首の後ろまでタオルを引き下ろします。

⑤　呼吸をゆっくりと吐きながら、ゆっくりと初めの姿勢に戻します。

⑥　動作を繰り返します。目安は10回をゆっくりおこない、徐々に回数を増やしていきましょう。

注意点

・動作中はタオルがたるまないようにしましょう。

⑤レッグレイズ（下腹部）

［図表９　レッグレイズのフォーム］

①　床やマットの上に仰向けに寝ます。両手を体の横に置き、掌を床につけて固定します。
②　脚をまっすぐにして、床から少し浮かせます。
③　息を吐きながら、脚をゆっくりと垂直に上げます。
④　脚が垂直の位置になったら、息を吸いながらゆっくりと元の位置に下ろします。ただし、完全に床に触れずに次の動作を開始します。
⑤　動作を繰り返します。目安は10回をゆっくりおこない、徐々に回数を増やしていきましょう。

注意点
・脚を下ろす際は、脚が完全に床に触れないように注意しましょう。
・お尻や腰を持ち上げないようにします。腹筋に焦点を当てるため、腰は常に床に固定された状態を保つように意識しましょう。

筋トレの効果を高める5つのポイント

前述した筋トレを含めて、筋トレの効果を最大限に引き出すための5つのポイントを紹介します。

①フォーム：筋トレの質を高めるために最も重要なのが、正しいフォームです。間違ったフォームでの筋トレは、効果的な筋刺激を逃してしまうだけでなく、怪我のリスクも増大します。適切なフォームは、プロのトレーナーや信頼できる教材などから学ぶことをおすすめします。

②可動域：トレーニング時に筋肉をしっかりと伸ばしたり縮めたり動きを意識することで、筋肉に均等な刺激が入ります。また、関節の柔軟性の維持・向上にもつながります。可動域を大きく使い、筋肉を短縮させる動きと伸ばす動きの両方をバランスよく取り入れましょう。

③呼吸：筋トレ中の正しい呼吸は、筋肉への酸素供給を向上させ、パフォーマンスの最大化につながります。逆に筋トレの動作中に呼吸を止めてしまうと、血圧の急上昇や頭痛の原因となることも。基本的に重りを持ち上げる動作の際に息を吐き、下ろす動作の際に息を吸うようにしましょう。

④スピード：トレーニングの動作を速く行いすぎると、筋肉への刺激が逃れることがあります。ゆっくりと、かつ確実に動作を行うことで、筋肉への刺激を最大限に保ちつつトレーニングできます。また、関節への過度なストレスも軽減されるため、怪我の予防にもつながります。

⑤筋肉の意識：トレーニング中に使っている筋肉を強く意識することで、その筋肉への刺激を増大させることができます。これを「マインドマッスルコネクション」といい、筋トレ中に動かしている筋肉を見ながら行ったり、筋肉に軽く触れるなどして筋肉の動きを感じ取ることが効果的です。

第6章　リバウンドのメカニズムを知り、攻略しよう

1　なぜリバウンドしてしまうのか

8割の人がリバウンドしてしまう事実

ダイエット初期の体重減少は、脂肪よりも水分やグルコース、タンパク質が減少するために起こっています。そのため、体重1kgを減らすためのエネルギー消費量も少なく、食事管理だけでも十分にダイエット効果を実感できます。

では、ダイエットに運動はいらないのかというと、そういうことではありません。現代の栄養学や運動生理学は「リバウンドを防ぎたいなら運動を取り入れよう」と提唱しています。

ダイエットをして体重を減らしても、そのうちの約8割の人がリバウンドすると報告されています。ちなみに私のパーソナルトレーニングを受けに来られるお客さまも、過去に一時的にダイエットに成功したが、その後にリバウンドして、また戻ってしまったという方が多いです。その方々は食事のカロリー制限のみで運動はほとんどしていなかったというのが大半です。

この負のループを抜け出すためにも、まずは「リバウンドのメカニズム」を紐解いていきましょう。

「敵を知り己を知れば百戦危うからず」という言葉があるように、ダイエットの敵であるリバウンドのことをよく理解した上で攻略することが大切です。

脂肪が減ると、脂肪を増やそうとする

さかのぼって旧石器時代、食料が限られていたとき、脂肪は人間が生き延びるための大切なエネルギー源でした。食べ物が手に入るときはしっかりと食べ、脂肪をため込んで、食べ物がない時期を乗り越えていました。なので、身体の脂肪が少なくなると、私たちの脳は危機感を抱くのです。

そして、脂肪を取り戻そうとするのが「恒常性」、または「ホメオスタシス」といいます。これは生物が健康を維持するために、身体の状態を一定に保つ力のことを言います。

例えば、私たちの体温は通常は36℃前後を保っていますが、運動すると上がります。それを調整するために、汗を出したり血管を広げたりして体温を下げようとします。また寒いときは、震えて体温を上げようとするのも同じ仕組みです。このように、私たちは体温を一定に保つように体が自然に動いているのです。

同様に、食べ過ぎて脂肪が増えても、脳は元の体重に戻そうとします。ロックフェラー大学の研究でも、体重を10％減らすとエネルギー消費が３００㎉減り、逆に体重を10％増やすとエネルギー消費が５００㎉増えることがわかっています。

つまり、私たちは体重が増えても減っても、適切な脂肪を維持するように身体が反応します。これが恒常性の仕組みです。

しかし、ここで1つの疑問が生じます。体重が増えると、元の体重に戻すように恒常性が働くのであれば、なぜ私たちは太ってしまうのでしょうか？

食欲の異常が恒常性を狂わせる

過食を頻繁に繰り返すと、脳の視床下部に炎症が起こり、食欲を抑制する「レプチン」というホルモンの作用が弱まります。これを「レプチン抵抗性」と言います。さらに、この状態は脳が喜びを感じるドーパミンの受け取りを鈍くし、結果として食欲が異常に増えます。そして、体重が増加すると、通常なら体重を安定させる恒常性までもが働かなくなります。よって、食欲を抑制することが難しくなり、体重が増え続けてしまうのです。

一方、体重が減少した場合、恒常性はしっかりと機能します。脂肪細胞はすぐには増えたり減ったりしませんが、長期的なダイエットにより徐々にその数が増減します。そして、脂肪細胞の長期的な増減に伴ってレプチンが分泌されます。ダイエットにより脂肪細胞が徐々に縮小すると、レプチンの分泌量も同時に減ります。レプチンが減ると、視床下部はこれを感知し、生存にとって不利な状況と判断します。そのため、食欲を高め、エネルギー消費量を抑えて、脂肪が減らないようにします。つまり体重が減らないように反応するというわけです。

さらに、食欲を短期的に促進するホルモン「グレリン」や食欲を抑制する「消化管ホルモン」も体重調整のために重要な役割を果たします。体重が減ると、視床下部はこれらのホルモンの分泌を調節し、体重を元に戻すように動きます。具体的には、食欲を増やすためにグレリンの分泌を高め、食欲を抑える消化管ホルモンの分泌を減らします。その結果、空腹感は強まり、満腹感は得にくくなります。

よって、体重を減少させるダイエットを行うと、脂肪細胞の縮小とともにレプチンの分泌が減ります。さらに視床下部は、グレリンや消化管ホルモンの分泌レベルを調整し、食欲を高めて体重を元の状態に戻そうと働きかけます。このため、体重を減らす際には、全体のエネルギー消費量が減少しにくくなるのです。

体重が減るとエネルギー消費量も減る

私たちが日々消費するエネルギーは、次の3つから成り立っています。それは、①身体が最低限に必要な基礎代謝、②食事を消化するためのエネルギー消費、そして③活動するためのエネルギー消費です。体重が減ると、これら3つすべてのエネルギー消費が下がります。

例えば、ダイエットをすると脂肪だけでなく筋肉も減ってしまい、それによって基礎代謝も下がります。この基礎代謝の減少は、ダイエットを終えて体重が元に戻っても、数年間続く可能性があります。食事を摂ると、その消化によるエネルギー消費も発生しますが、ダイエットで食事量が減ると、このエネルギー消費も少なくなります。

さらに、体重が多いときは、身体活動に必要なエネルギーも多いのですが、体重が減ると同じ活動でもエネルギーの消費は少なくなります。つまり、体重が減ると日常生活で使うエネルギー量も減るということです。ダイエットで体重が減ると、脳は体重を元に戻そうと食欲を高め、エネルギーの摂取量を増やします。同時に、エネルギーの消費量を減らすことで体重を元に戻そうとします。

これが恒常性の働きです。

しかし、過食を繰り返して太ると、体重を減らそうとするこの仕組みがうまく働かなくなります。逆に、ダイエットで体重が減ると、体重を元に戻そうとする恒常性は強く働くのです。

これが問題となるのは、体重を元に戻そうとする働きが強いときに、何か特別なイベント（週末の飲み会や正月のお祝いなど）で糖分や脂肪分の多い食事を食べ過ぎたときです。そのようなとき、抑制されていた「もっと食べたい」という欲求が強くなり、リバウンドを引き起こす可能性があるのです。

リバウンドのメカニズム、理解していただけましたでしょうか？

長期的なダイエット成功の秘訣

リバウンドを避けてダイエットの成果を保つ方法について、ブラウン大学の研究では、ダイエット後に体重を維持した人とリバウンドしてしまった人の特性を比較しました。その結果、リバウンドをせずにダイエットに成功する最大の要素は、「減った体重をどれだけ長く維持するか」であると明らかにされました。

具体的には、2年間体重を維持した人はリバウンドのリスクを50％も減らせたというのです。さらに驚くべきは、5年以上体重を維持できた人は、リバウンドのリスクをなんと70％近くまで減らすことができたという事実です。

この研究から学べることは、ダイエットで体重を減らした後も2年以上その体重を維持できれば、リバウンドのリスクが大幅に減少するということです。そして体重を維持する期間が長ければ長いほど、リバウンドのリスクをさらに減らすことができるという見込みがあるということです。

しかし、別の見方をすれば実際に5年間体重を維持したとしても、リバウンドのリスクはまだ30％ほど残っているとも言えます。これは、長期間ダイエットを続けることの難しさを表しています。

では、リバウンドを防ぐためにはどうしたらいいのでしょうか？

その方法の1つが「運動」です。次項では、運動について解説をしていきます。

2　運動がリバウンドを防ぐエビデンス

運動すると食欲が減る

運動をするとお腹が空き、結果としてたくさん食べてしまうという誤解が広く持たれていますが、現代の運動生理学では運動が食欲を減らすとされています。これは、食欲を調節するホルモンが運動により影響を受けるためです。

ラフバラー大学の研究では、筋トレと有酸素運動（ランニング）がどの程度食欲に影響を与えるかを調査しました。結果として、どちらの運動も食欲促進ホルモンであるグレリン濃度を下げ、特にランニングは食欲抑制ホルモンである消化管ホルモンの分泌を増加させることが示されました。

これは、運動（筋トレとランニング）が空腹感を減らし、満腹感を強めることを示しています。

したがって、運動は食欲を抑え、食べ過ぎを防ぐ効果があると言えます。特に一過性の運動は運動後の食欲を減退させるとともに、その後のエネルギー摂取量を減らす効果があることが示されています。

これは、リバウンドの原因となる週末や夜の飲み会での食べ過ぎを防ぐため、日中に運動を行うことが有効であることを示しています。

継続的な運動は「食欲のリズムを正常化させる」

継続的な運動も一過性の運動と同様に食欲に対する効果が確認されています。クイーンズランド工科大学の研究によれば、週5回、1回あたり500㎉を消費する運動（ランニングやサイクリング）を12週間実施したところ、トレーニング後の食事前では、食欲促進ホルモンであるグレリン濃度が増え、空腹感が増大しました。一方で、食事後には消化管ホルモンであるGLP－1の濃度が上昇し、満腹感の増大が食後3時間にわたり続いたことが確認されました。

つまり、エネルギー制限ダイエット中の継続的な運動トレーニングは、食事前に食欲を高める一方で、食事後の満腹感も増すというダイエット効果を持つことがわかりました。

これらの影響は食事制限のない状況でも観察されたため、継続的な運動が食事前の空腹感を高めつつ、食事後にしっかりと満腹感を提供することで、全体として食欲をコントロールする効果があると考えられます。

不規則な「食欲のリズム」が続くと、食事後の満腹感が得られずについ間食を摂取してしまう傾向があります。しかし、継続的な運動を行うことで食事後の満腹感が続きやすくなり、「食欲のリズムを正常化」することが可能になります。その結果、間食を抑制する効果も期待できるというわけです。

運動は筋肉を増やしエネルギー消費量の減少を抑えてくれる

ダイエットによって体重が減少すると、同じ日常生活を続けていても活動時のエネルギー消費量は太っていたときよりも減少します。更に、エネルギー制限ダイエットを行うと脂肪だけでなく筋肉量も低下してしまいます。これは、筋肉のもととなる筋タンパク質が24時間絶えず合成と分解を繰り返し、そのバランスによって筋肉量が維持されているからです。

しかし、ダイエットによる食事制限（特に炭水化物の制限）を行うと、炭水化物の摂取量が減少し、筋タンパク質の合成量が低下し、筋肉量が減少してしまいます。

筋肉は人体の中でも重量が大きいので、筋肉量の減少は基礎代謝量の減少に繋がります。

つまり、ダイエットの後期に進むと、体重の減少による活動時エネルギー消費量の減少と、筋肉量の減少による基礎代謝量の減少が相まって、全体としてのエネルギー消費量が減ってしまいます。

その結果、食事管理だけでエネルギー摂取量を減らしても、エネルギー消費量も同時に減少するため、ダイエットは効果が出にくくなってリバウンドの可能性も高まってしまう、というわけです。

しかし、食事管理だけではなく、そこに運動を取り入れることで、活動時のエネルギー消費量を増やし、筋肉量を維持することで基礎代謝量の減少を防ぐことができます。

その結果、全体としてのエネルギー消費量の減少を抑制し、長期的に体重を減らしたり、リバウンドを防ぐことが可能になります。

「食事管理＋運動」はリバウンドを防ぎ、長期的な体重減少を促す

ＪＡＮＤ行動体重管理レビューグループの研究では、ダイエットの開始から1年半（18か月間）という長期的な視点で体重減少の効果が調査されました。

9つのランダム化比較試験を基に、「食事管理のみ」「運動のみ」「食事管理＋運動」という3つの手法を用いた18か月間の体重減少効果について解析されました。

食事管理ではエネルギー摂取の制限、運動では週に3～5回の中強度から高強度のウォーキングやジョギングが行われました。

この結果、食事管理と運動を組み合わせたグループが、食事管理のみあるいは運動のみのグループよりも体重減少の効果が高いことが明らかとなりました。つまり、長期的に体重を減らしたい場合、食事管理に加えて運動を行うことが有効だと示されました。

同様の結果がハーバード大学による2年半にわたる長期的な体重減少効果についてのメタアナリ

シスでも確認されました。こちらでも、食事管理と運動を併用したグループが、食事管理のみのグループよりも体重減少効果が高いという結果が示されました。

　これらの研究結果から、短期間であれば食事管理だけでもダイエットの効果は期待できますが、リバウンドを防ぎ、長期的な効果を維持したい場合には、運動を取り入れることが推奨されていることがわかります。

3　リバウンド防止のカギは「筋肉」にあり

リバウンドにおける筋肉の重要性

　ダイエットをすると、身体の脂肪が燃えて少なくなります。そうすると、脳の一部である視床下部が危機を感じて、「身体の脂肪が足りない！」と警報を鳴らします。それで、食欲が強くなり、結果的にダイエット前の体重に戻ってしまうことがあります。前述したとおりこれが1つの「リバウンド」の原因です。

　ですが、最近の研究では、リバウンドの原因はそれだけじゃないことがわかってきました。そのもう1つの要因が「筋肉」です。ダイエットをすると、体が細くなるのは脂肪が減っているからだけではないことがわかりました。同時に、筋肉も減っているのです。そして、この筋肉が少なくなることで、リバウンドを引き起こす可能性があると考えられています。

つまり、ダイエットで脂肪だけでなく筋肉も減ってしまうと、それがリバウンドの一因となり、結果的に体重が元に戻ってしまう可能性があるということです。

筋肉量とリバウンドの関係

ダイエットの科学に大きな影響を与えた「ミネソタ半飢餓実験」では、参加者に24週間にわたり、普段の食事量の約40％しか食べさせず、その間に体重や体の組成（脂肪や筋肉の量）にどんな変化があるのかを詳しく調査しました。

この研究でわかったことは、参加者の脂肪量は元の体重の約70％、筋肉量は18～20％も減ってしまったということです。つまり、食べ物の量を減らすと、体の脂肪だけでなく筋肉も減るという事実が明らかになりました。

このデータは後に、特に体重が元に戻る（リバウンドする）ときに、脂肪量や筋肉量がどのように影響しているかを詳しく再分析されました。

ダイエットを終えて12週間の間に徐々に食事量を増やした結果、体の脂肪量は25％増え、筋肉量も12～15％ほど増えました。しかし、その後さらに8週間、食事を自由にしてみると、脂肪はダイエット前よりも170％まで増えました。つまり、リバウンドが起こったのです。

ちなみにこのときの筋肉量はやっと100％に戻ったということから、脂肪のみで体重が増えてしまった、とも言えます。

ダイエットによる筋肉量への影響

ダイエットによって筋肉量が減少すると、脂肪量が減少するのと同じくらいに食欲が増え、エネルギー摂取量が増え、結果として体重が元に戻る（リバウンドする）可能性が高くなることが証明されました。

では、なぜ筋肉量が減少すると食欲が増え、エネルギー摂取量が増えるのでしょうか？

現時点では、体がダイエットの初期に失われたタンパク質を取り戻そうとする調整機能が働くと考えられています。これは「プロテインスタット」と呼ばれ、成長期の子どもがタンパク質を補給するために食欲を高めるメカニズムと似ています。ダイエット後に体重が元に戻らないようにするためには、筋肉量を保つことが重要だということです。

つまり、ダイエットを成功させるためには、「筋肉量の減少を防ぐ」ことが重要なカギとなります。

そしてそのために有効なのが「筋トレ」です。これは、筋肉量を維持または増やすのに役立つ運動の１つで、筋肉量の減少を防ぎながら脂肪を減らす効果が期待できます。筋肉量を保つことで、食欲の増加やエネルギー摂取量の増加、そして体重のリバウンドを抑えることが可能になります。

さらに第５章でも説明したように、筋トレ＋有酸素運動を取り入れることでよりリバウンドを防ぐ効果が期待できます。

まずは簡単な筋トレから生活に取り入れていくなど、日常から筋肉を動かしていくクセをつけて、ダイエット後もリバウンドに無縁の身体にしていきましょう。

4　目指すはリバウンドのないダイエット

ダイエットの成功は脱リバウンドにあり

多くの人がダイエットに関して早い結果を求めがちですが、そのような急激なダイエットはリバウンドのリスクを高め、体調を崩す可能性もあります。スローペースなダイエットは、無理なく体重を落とし、リバウンドのリスクを低減することができます。

主食を大幅に削減したり、食事量を急激に減らしたりすると、栄養不足や体調不良を引き起こす可能性があります。そのため、食事のバランスを考慮しながらゆっくりと体重を減らすことが重要です。

結局のところ、健康的なダイエットとは長期的な視点で行うべきものであり、それがリバウンドを防ぎ、持続可能な健康的な生活習慣をつくるための最良の方法となります。

リバウンドに無縁の状態になることで多くのメリットがあります。体重が安定していると糖尿病、高血圧、心疾患などのリスクが低減する他、お気に入りの服を着続けられる、新たなダイエットのストレスから解放される、身体が軽く体力のある状態でいられる、などです。

これらのメリットを考えると、リバウンドを防ぐための努力は、単に体重を維持するだけでなく、幅広い健康面や生活の質の向上につながっているのです。

第7章　健康的に痩せる土台は生活習慣にあり

1　生活習慣を見直すことでダイエットが加速する

座っている時間が長い人は要注意

1時間座り続けると寿命が22分縮まる――オーストラリア・クイーンズランド大学の調査でこのような衝撃的な報告があります。

また、運動習慣の有無にかかわらず、テレビの視聴時間が長いと2型糖尿病が多いことを明らかにしたアメリカの研究報告もあります。ＷＨＯも喫煙やアルコールと同じくらいに、座り過ぎが、がんや糖尿病などの疾患を引き起こすリスクがあると指摘しています。

長時間座っていると、下半身の筋肉に十分に酸素が行き渡らないため、血流や代謝の低下を招きます。デスクワーク中などは、30分に一度のペースで立ち上がり少し動くのが理想です。少なくとも1時間に1回は立ち上がることを意識しましょう。

スタンディングデスクを活用する

また近年はスタンディングデスクを導入する取り組みも広がっています。会議を立った状態で行うことや、歩きながら行うウォーキングミーティングは、健康のためだけでなく創造性を高めるのにもいいとされています。スタンディングデスクは、電動で高さが変わる本格的なものでなくても構いません。在宅ワークの人であれば、段ボールや台などを積み重ねてスタンディングデスク代わりにすることも可能です。

取り入れる場合は最初から1日中ずっと立っていると体に不具合が起きる恐れもあるので、まずは短時間だけ使うようにしましょう。そして体調に悪影響がなければ、徐々に時間を長くするといいです。座っているときも立っているときも、長時間同じ姿勢で居続けるのは良くないことです。仕事に差し支えない範囲で体を動かす意識をしていきましょう。

立っているときであれば、かかとの上げ下げをしたり、片脚で立ったりするのも消費カロリーの増加や血流アップにつながります。家でスマホを使う時も、椅子に座ったりソファーに寝転がったりした体勢ではなく、立った状態で見るようにするのもおすすめです。

2　よく噛むことで痩せやすくなる

よく噛んでゆっくり食べること

岡山大学が２０１０年に、肥満ではない１３１４人を対象に3年後の体型変化を調査したところ、3年間で肥満になった人の中で早食い群の人は６・２％で、早食いでない群の人は１・４％でした。肥満に影響を与える要因はさまざまですが、「脂っこいものをよく食べる」「お腹いっぱいになるまで食べる」「食事が不規則」など全12項目の習慣の中でも「早食い」が飛び抜けて高かったそうです。

早食いで太る最大の理由は、食べる量が多くなることだと考えられます。そもそも、満腹中枢は血糖値の上昇によって刺激を受け、食欲を抑える指令を出します。満腹中枢が刺激を感じ始めるのは食事開始から15〜20分後なので、食事はできるだけ15分以上かけるようにしましょう。

そして、早食いを防ぐために効果的なのが、よく噛むことです。よく噛んで食べる習慣が身につくと、満腹まで食べず腹八分ほどで済むようになります。

お菓子や好物を我慢して食事量を減らすのと違って、無理なく自然に減るのがポイントです。そのためストレスも溜まらず、反動によるリバウンドの恐れもありません。食事指導の際も、よく噛むことを意識しただけで「いつもの食事量なのに途中でお腹いっぱいになった」「始めのサラダだけで満腹感が得られるようになった」「いつもは2個食べるおにぎりが1個で満足できた」「食後のデザートが欲しくならなくなった」などの感想をよくいただきます。

よく噛むと消費エネルギーがアップする

早稲田大学スポーツ科学学術院と国立研究開発法人医薬基盤・健康・栄養研究所の研究グループが2021年に発表した研究では、固形物だけでなく、液状のドリンクも噛むことで、食後のエネルギー消費量が増えることが明らかになりました。

早食いが体重増加をもたらす要因は、過食のほかにDIT（食事誘発性熱産生）の低下が関与すると考えられています。DITは、食事をした後、安静にしていても代謝量が増加することをいいます。

では、具体的に何回噛めばいいのでしょうか？　よく「一口ごとに30回噛みましょう」といわれていますが、一律に30回というのは不適切です。

なぜなら、ひと口の量や食材によって必要な回数は変わってくるからです。私が推奨しているのは、回数を決めるのではなく「口に入れたものが粉々になって、もう噛めなくなるまで噛む」ということです。

パンのような柔らかいものなら30回も噛めば十分ですし、玄米のような噛みごたえのあるものなら倍ほどの回数が必要だと思います。

実際、小分けのミックスナッツが噛めなくなるまでの回数を数えたところ、１００回を超えました。回数を数えながら食べるよりも、よく味わって食べることが大切です。

よく噛むことで睡眠の質や健康状態も改善すると言われており、よく噛んでゆっくり食べることで、消化酵素や免疫機能を高めるＩｇＡ抗体がより多く分泌されるので、腸内環境を整えたり、胃もたれを防ぐなどの効果も期待できます。

特に夕食の時間が遅い人や朝に食欲がない人は、夕食をよく噛んで食べることで、睡眠中の胃腸の負担が軽減されて、睡眠の質が高くなったり、朝に食欲が出るようになる可能性があります。よく噛むと唾液の分泌が増えるのですが、唾液には筋肉や骨の発育を促す成長ホルモンの一種であるパロチンが含まれています。

3　食事で噛む回数を増やすテクニック

自然に噛む回数を増やす方法

ここからは自然に噛む回数を増やす方法をお伝えしていきます。

ここでのポイントは、〝自然に〟という点。〝結果的に〟とも言い換えられます。なるべく噛む回数を増やそうとするのではなく、自然と増えているといった状況をつくり出すことが望ましいです。

・一口30回以上の咀嚼
・1回の食事に15分以上かける

という2つのことを前提にお話しします。

人それぞれ合う方法は異なりますので、あなたにマッチしたやり方を見つけることが大切です。

自然に噛む回数を増やす5つのテクニック

自然と咀嚼数を増やすテクニックは全部で5つあります。いきなりすべてをクリアする必要はないので、できそうなことから試してみてください。

ではさっそく始めていきましょう。

①食べ物を口に入れたら舌先に乗せる

まず1つ目が、食べ物を口に入れたら舌先に乗せること。これだけ聞いても意味がわからないと思いますが、かなり大事です。なぜなら、人間の舌は場所によっていくつか機能が分かれているからです。そして舌の役割を分けると

・舌先→味覚を司る（味わう）
・舌奥→食べ物を飲み込む

となります。

つまり、口に入れた食べ物をどこに置くかで飲み込みやすさが変わってくるのです。

ちなみに実践してみるとわかりますが、食べ物を舌先に置いた状態で飲み込むことはできません。即ち咀嚼がしやすい状態となるのです。

また、舌先というのは味蕾という味覚を感じる器官が存在するため、美味しさを感じるのに適しています。

②食事を味わうことを意識する

そして2つ目のテクニックとも共通するのですが、味わうことはそのまま噛む回数の増加にも繋がります。なぜなら、食べ物というのはよく噛むことでより味が滲み出てくるためです。

例えばお米を食べるとしても、噛めば噛むほど甘みが増してきますよね。このように美味しく

食べること、料理自体を味わうことを意識すると、自然と噛む数が増えるのです。30回数えながら噛むと逆に数字に意識がいってしまって食事が楽しめない方も、食事に集中することで自然とよく噛むようになります。

③加工食品を減らす

続いて3つ目が、加工食品を減らすことです。加工食品だけだと幅広くわかりにくいですが、要はなるべく自然界に存在する食品を食べましょうということです。

なぜかというと、加工食品というのは食べやすいように柔らかいものが多いからです。柔らかいものというのは、自然と噛む回数が減ります。つまり食事量が増えやすくなります。

また、ハンバーガーなどの加工されたジャンクフードは柔らかいだけでなく「味がわかりにくい」という問題もあります。

ハンバーガーをイメージするとわかりやすいですが、食べたときに「何味か?」と考えても識別しづらいですよね。いろいろな原材料が使用されているのにそれぞれの味がわからず、ハンバーガーはハンバーガーの味としか言いようがありません。

これでは先ほどあげた「味わう」というのが難しくなってしまいます。また、味が濃いものが多いので味覚もおかしくなり、身体が濃い味ばかりを求めるようになります。結果的に太りやすい体質になってしまいます。そのため、ポイントとしては

・自然界に存在する食品
・自然と噛む回数が増える食品

を意識的に選んで食べることが重要です。こうした食品は基本的にヘルシーですので、ダイエットにも効果的です。

具体的には肉や魚など「噛まないと飲み込めない」ような食材を最初から食べることをおすすめします。

④一口食べたら箸を置く

続いて４つ目が、一口食べたら箸を置くことです。早食いの方というのは、常に口の中に食べ物が詰め込まれていることが多いです。

「あまり噛まずに飲み込み、すぐに次の一口を放り込む……」ということを繰り返してあっという間に食事を終えてしまいます。

そこで、一口食べたら一度箸を置くようにしてください。もちろんその一口も味わうようにしてしっかり噛んでください。そして完全に口の中に食べ物がなくなったら、一呼吸置いてから箸を手に取り次の一口をいれましょう。

また、一口の量も頬張るほど多くするのではなく、気持ち少なめにしてあげるとより効果的です。つまり、結果的に食べる量が減ることにもつながります。

⑤ながら食べを辞める

最後の５つ目は、ながら食べを辞めることです。これ、本当にしている方が多いです。スマホを見ながら、テレビを見ながら食事をする習慣がある方もいるかと思いますが、食事の時間は食事に集中したほうがいいです。

なぜなら、スマホやテレビに気をとられていると食事を味わうことも、噛む意識も薄れてしまうからです。

早く食べた分、食べ終わっても「なんか物足りないな」とおかわりやデザートを食べてしまいます。これらは、ながら食べをすることによって摂取してしまう無駄なカロリーといっても過言ではありません。

健康的に確実に痩せたいなら、食事と向き合うこと。食事に集中すること。ここが重要です。ぜひ、ここに書いたテクニックも含めて食事に集中するということを実践してみてください。

4　ダイエット成功への土台は「睡眠」にあり

なぜダイエットが続かないのか

なぜ、多くの人がダイエットをつづけられないのでしょうか？

この問いはダイエットを実践している人にとって避けては通れない課題となっています。それはなぜなのでしょうか？　ここで紹介する視点は、進化論と意志力が関係しています。

私たち人間は、数万年の進化を通じて、旧石器時代の生活環境に適応してきました。その時代、食料が不足していた時期が多く、得られた食料は速やかに消費しきることが生存の鍵でした。

すなわち、

「目の前の食料を確実に体内に取り入れ、次の食事がいつになるかわからない状況での生存を確保する」

という思考が私たちの遺伝子に刻み込まれています。この思考回路が、私たちが食べ物を目の前にすると「たくさん食べて脂肪を蓄えよう」という欲求となって現れるのです。

現代社会の環境は大きく変わり、食べ物は手軽に入手可能となりました。特に、高カロリーで脂肪分の多い食品が豊富です。このため、私たちの本能的な食欲が引き起こす行動と、ダイエットや健康のための理性的な判断がぶつかることがよくあります。その結果、多くの人がダイエットを継続することが難しくなっています。

意志力の消耗をどう防ぐか

さらに注目すべき点として、「意志力」の存在が挙げられます。意志力は私たちの行動や決断をコントロールする力であり、限られたリソースとしての性質を持っています。カーティン大学で行われた研究は、この意志力の性質を如実に示すものです。この実験で、片足立ちしながらの計算課題を行ったグループは、意志力を大きく消耗したため、その後に提供されたスイーツを多く食べてしまいました。一方、両足立ちのグループは、比較的意志力を消耗していないため、スイーツの摂取量が少なかったのです。

この研究から学べるのは、「意志力の消耗」がダイエットの失敗の一因となることです。日常の中で意志力を大きく使う場面があると、その後のダイエットへの意識や行動が影響を受けることが考えられます。

ダイエットを成功させるためのコツは、意志力の適切なマネジメントにあります。過度に意志力を使う状況を避ける、あるいは意志力を高めるトレーニングを行うことが有効です。特に忙しい時期やプライベートの悩みがある場合などは、意志力が低下している可能性があるため、ダイエットの取り組み方を見直す必要があります。

最終的には、身の回りの状況や自分自身の状態をよく理解し、適切にマネジメントすることが、ダイエット継続のカギとなります。

5 睡眠不足は、ダイエットの意志力を鈍らせる

睡眠不足と意志力の関係

そして、意志力を消耗させないために、もっとも重要になるのが「睡眠」です。なぜなら、睡眠

不足になると「意志力が低下してしまう」からです。

テレビやSNS、ネット番組を見すぎて、寝不足になった経験は誰にでもあると思います。すると日中に頭は働かず、仕事も勉強も思うようにはかどりません。これは、注意力や記憶力といった認知機能が低下してしまうからです。

これを科学的に明らかにしたのがカナダ・ウォータールー大学です。

2017年、同大学は睡眠不足が認知機能に与える影響を調査しました。対象となった被験者は1688名で、睡眠不足の時間は3・8時間ほどです。

その結果、次に挙げる認知能力を低下させることが明らかになりました。

・持続的なタスクに集中する注意力
・目的や計画を明確にして行動する実行機能
・多くの情報を処理するワーキングメモリ
・欲望を抑制する抑制コントロール
・長期記憶
・認知機能全体の低下

意志力には、これらの認知機能が関与しています。ダイエットの目的を明確にして、計画的に行うには実行機能が必要になります。また、「お菓子を少しだけなら食べてもいいかな」という欲望を抑える抑制コントロールも必要になります。

睡眠不足になると意志力が低下してしまうのは、脳の「前頭前皮質」の機能に理由があります。脳の前方にある前頭前皮質は、人間の高度な認知機能である注意機能や実行機能、自己の抑制コントロールを司っています。前頭前皮質が働くことによって、自己をコントロールして衝動のバランスをとりながら、目的に向けて計画的に行動することができるのです。

睡眠不足になると、この前頭前皮質の機能が低下してしまいます。前頭前皮質は、脳の血流により運ばれてくるグルコースを代謝することで機能します。睡眠不足になると血流量が減少し、グルコース代謝が低下してしまうのです。

よって睡眠不足による前頭前皮質の機能低下は、意志力の低下を引き起こします。世間には多くのダイエット方法が謳われていますが、まず実践すべきは「十分な睡眠」をとることです。

6　睡眠不足は、食欲を高めてしまう

睡眠不足の人ほど、肥満度が高い

睡眠不足の悪影響は、意志力を低下させるだけではありません。近年の研究報告では、睡眠不足が「食欲を高める」ことが明らかになっています。

食欲は長期的な食欲調整ホルモンであるレプチンや、短期的な食欲調整ホルモンであるグレリンや消化管ホルモンによって制御されています。睡眠不足はこれらのホルモンに影響を与え、食欲を

高めるのです。

２００４年、スタンフォード大学で行われた睡眠時間と食欲調整ホルモンとの関連を調査した研究では、睡眠時間が短いほど食欲増進ホルモンのグレリンが増加し、食欲抑制ホルモンのレプチンが減少することが示されました。つまり睡眠時間が短いほど、肥満度の指数が高くなる傾向が認められるのです。

２００７年に報告されたラヴァル大学の研究においても、短い睡眠時間とレプチンレベルの低下、および肥満の増加との関連が報告されています。

このように近年では、睡眠時間と食欲調整ホルモンとの関連について議論がつづいていましたが、１つの答えを示したのが２０２０年に上海交通大学が報告した研究です。

被験者は２２５０名（男性１２８５名と女性９６５名）、年齢は20～60代。睡眠時間の定義は５時間未満を「睡眠不足」、７時間未満を「短い睡眠時間」とします。全体の被験者のうち８８３名が短い睡眠時間に該当し、そのうち３６６名が睡眠不足でした。

研究のテーマは、睡眠時間がグレリンとレプチンにおよぼす影響で、サブグループ解析として肥満度や年齢の影響も解析しています。

その結果、標準的な睡眠時間に比べて、短い睡眠時間ではグレリンの分泌が増え、レプチンの分泌に変化は認められませんでした。また、睡眠不足ではグレリンの分泌が増え、レプチンの分泌が減ることが示されました。

よって睡眠不足は、グレリンが増えて空腹感を促し、レプチンが減少して満腹感を抑えることによって、食欲を高めるというわけです。

「嗜好性の食欲」を刺激してしまう

睡眠不足の悪影響はこれだけで終わりません。

睡眠不足は「報酬系」という脳の回路に作用すると考えられています。食欲には「生命維持のための食欲」と「嗜好性の食欲」があります。「嗜好性の食欲」は報酬系によって強化されます。たとえば、ケーキを食べたときに自分が思っている以上に「美味しい」と感じた場合、ドーパミンが放出されることによってさらに「美味しい」という快感（報酬）を求めるようになります。嗜好性の食欲が高まると、つい必要以上に食べてしまい、ダイエットが続かないばかりか、リバウンドの要因にもなります。

コロンビア大学が行った、睡眠不足による脳の神経活動の研究では、睡眠不足と「嗜好性の食欲」の関連性を明らかにしました。被験者が嗜好性の高いケーキやファストフードなどを食べると、食品の刺激に応答して、脳の報酬系領域の神経活動が活性化したのです。

睡眠不足は間食を増やす

そして、睡眠不足による意志力の低下や嗜好性の食欲の増加は、摂取する食品の栄養素や加工状況の選択にも影響を与えます。

２０１５年、タフツ大学栄養疫学研究所は、睡眠不足と食事について報告された16の研究報告をもとに、睡眠不足が特定の食事の栄養素を摂取する傾向を調査しています。

その結果、睡眠不足は糖質や脂質を多く含む超加工食品や砂糖入り飲料、スナック菓子や夜間の間食の摂取量の増加と関連し、また食物繊維やタンパク質を含む食品、野菜や果物の摂取量の減少と関連していることが示されました。

睡眠不足は、超加工食品や砂糖入り飲料、太る炭水化物や太る脂質を含む食品の摂取量を増やします。そして食物繊維が豊富な穀物や野菜などのヘルシーな食品や、タンパク質を多く含む食品の摂取量を減らすと示唆されたのです。

つまり、睡眠不足は主食の摂取量を減らして、スナック菓子など間食による摂取を増やすのです。また、夕食の時間を遅らせ、夜間の食事の摂取量が増えると示唆されました。

このように睡眠不足は太る食品の摂取量を増やし、健康的な食品の摂取量を減らし、食事の時間帯を遅らせ、生活のバランスを崩します。その結果、私たちは太るのです。

また、ニューヨーク市立大学クイーンズ校による、睡眠時間と食行動との関連を調査した研究も紹介します。

睡眠不足は高炭水化物、高脂肪の食事やお菓子によるエネルギー摂取量の増加と関連し、タンパク質や果物、野菜などの摂取量の減少と関連することが報告されています。

さらに興味深いのは、睡眠不足である肥満の被験者を対象に、睡眠時間を8・5時間まで延長したシカゴ大学の研究です。結果は、食欲が14％低下し、お菓子や塩辛い食べ物に対する嗜好性の食欲は62％も減少したのです。「もっと食べたい」という嗜好性の食欲を抑え、ダイエットを効果的に進めるためには、しっかりと睡眠をとることが大切なのです。

7 睡眠不足は食欲を高め、運動のパフォーマンスを低下させる

超加工品が我慢できなくなる

ハンバーガーやフライドポテト、ケーキやお菓子といった超加工食品は、私たちが大好きな脂質や糖質をふんだんに使用し、食べやすく加工することによって「もっと食べたい」という食欲を掻き立てます。

このような嗜好性の食欲は脳の報酬系が司っており、過食を繰り返すことにより中毒性を生じさせます。ダイエットを成功させるためには、超加工食品の摂取頻度を徐々に減らす必要があります。

しかし、睡眠不足状態では超加工食品への欲求に逆らうことはできません。

なぜなら、睡眠不足になると意志力が低下し、食欲が高まってしまうからです。睡眠不足が悪影響を与えるのは食欲だけではありません。運動へのモチベーションやパフォーマンスにも影響します。

睡眠不足は運動へのモチベーションを失わせる

ダイエットで失うのは脂肪だけでなく、筋肉も減ってしまいます。この脂肪量と筋肉量の減少がリバウンドを生じさせる要因であり、リバウンドを防ぐために推奨されているのが有酸素運動や筋トレです。有酸素運動や筋トレを行うことによってリバウンドを防ぎ、長期的なダイエットの成功に近づくことができます。

しかし、現代の睡眠科学は運動においても重要な知見を与えてくれています。それは「睡眠不足は有酸素運動には影響はないが、筋トレの効果を低下させる」ということです。

睡眠不足が有酸素運動のパフォーマンスに与える影響については、これまで長い間、議論が行われてきました。ザールラント大学の報告では、睡眠不足は、軽度から中強度の有酸素運動であればパフォーマンスに影響を与えないが、高強度のトレーニングではパフォーマンスを低下させる可能性があると明らかにしています。また、パフォーマンスよりも影響を与えるのが「運動へのモチベーション」だとしています。

睡眠不足は意志力（認知機能）を低下させます。運動を行うためには、運動から逃げずに取り組む抑制コントロールや、決めた運動のメニューを計画立てて、最後までやりきる実行機能などの認知機能が必要になります。

睡眠不足になると、これらの認知機能が低下し、運動へのモチベーションが失われる可能性があるというわけです。

筋トレのパフォーマンスを低下させる

これに対して、睡眠不足がパフォーマンスや効果に悪影響を与えるのが「筋トレ」です。

2012年、イギリスのスポーツ機関の研究では、「睡眠時間が8時間以上のグループ」と「6時間未満のグループ」に分け、ベンチプレス、スクワット、ベントローの多関節トレーニングを行いました。

トレーニング重量は最大筋力の85％に設定され、疲労困憊になるまで行い、4セット実施しました。その後、日にちを変えてグループを入れ替え、同様の条件でトレーニングを行いました。

その結果、睡眠不足の状態ではベンチプレス、スクワット、ベントローのすべての総負荷量が減少することがわかりました。このことは、睡眠不足が多関節トレーニングのパフォーマンスを低下させることを示しています。

では、睡眠不足はアームカールのような、単関節トレーニングの効果も低下させてしまうのでしょうか？

2013年、チュニジアのスポーツ医科学国立センターでは、睡眠不足による筋力への影響を検証しました。被験者であるアスリートの、通常の睡眠時間と通常よりも4時間少ない睡眠不足のときの握力、肘の等尺性筋力といった単関節トレーニングの最大筋力を計測しました。

すると、多関節トレーニングとは違い、通常の睡眠時間と少ない睡眠時間に、最大筋力の明らかな差は認められなかったのです。

複数の研究報告をまとめてレビューした、ディーキン大学の報告でも、睡眠不足は単関節トレーニングよりも多関節トレーニングの効果を低下させるとしています。

ではなぜ、多関節トレーニングだけがパフォーマンスを低下させるのでしょうか。

多関節トレーニングに悪影響な理由

筋グリコーゲンは筋肉に蓄えられる糖の１つで、筋肉が収縮するためのエネルギー源になります。筋トレは、ジョギングなどの有酸素運動ではなく無酸素運動です。有酸素運動は主に酸素をエネルギー源としますが、無酸素運動は解糖系の代謝により筋グリコーゲンをエネルギー源にします。

睡眠不足はこの筋グリコーゲンを減少させるといわれています。

２０１１年、チャールズ・ストラート大学がアスリートを対象に行った検証実験では、通常の睡眠時間をとった場合と比べて、睡眠不足の場合は筋グリコーゲンが減少しました。

睡眠不足が筋グリコーゲンを減少させる理由は「インスリン」です。糖を取り込む役割を担っているのがインスリンですが、睡眠不足はこのインスリンの機能を低下させます。これを「インスリン抵抗性」といいます。

２０１７年、スターリング大学の研究では、睡眠時間が通常の半分の睡眠不足時に、インスリン抵抗性が明らかに増加することがわかりました。

睡眠不足は、インスリンによる筋肉への糖の取り込み機能を低下させ、筋グリコーゲンを減少させます。多くの筋肉が動員される多関節トレーニングは、単関節トレーニングよりもエネルギー消費量が多く、多くの筋グリコーゲンが必要となります。そのため、睡眠不足ではパフォーマンスが低下してしまうのです。

オーバートレーニングを引き起こす

また、睡眠不足で注意が必要なのが「オーバートレーニング」です。

２０１８年1月に報告されたアスリートを対象にした研究では、睡眠不足がモチベーションや集中力を低下させるとしています。気分の悪い状態（イライラ）をつくり出し、過剰な強度でトレーニングしてしまい、オーバートレーニングを引き起こす危険性が示されています。

オーバートレーニングは怪我を誘発する要因になるため、睡眠不足の際には必要以上に追い込まないように注意することが必要です。

有酸素運動や筋トレの前日は早めに就寝し、しっかりと身体的、精神的なコンディションを整えるべき理由がここにあります。

長期的にダイエットを行うには、意志力をマネジメントし、食欲を抑えるだけでなく、リバウンドを防ぐために有酸素運動や筋トレを取り入れることが有効です。

十分な睡眠をとることは、食欲をコントロールするだけでなく、運動のパフォーマンスを十分に発揮する土台にもなるのです。

8　睡眠不足でなぜ太るのか

睡眠不足とエネルギー摂取量の関係

前項までに、睡眠不足は意志力を低下させ、食欲を高めるという研究結果を紹介しました。ではなぜ睡眠不足になると太ってしまうのでしょうか？

２０１７年の大分大学の研究では、睡眠不足と1日の摂取エネルギー量について検証を行いました。その結果、睡眠不足では、1日のエネルギー摂取量が「３８４㎉」増えることが示されたのです。また、1日のエネルギー消費量も解析しましたが、睡眠不足と通常の睡眠時間との間に有意な差はありませんでした。

つまり睡眠不足の場合、エネルギーの消費量が変わらないにもかかわらず、エネルギーの摂取量が増えてしまいます。そしてエネルギーバランスがプラスとなり、長期的に体重の増加につながるというわけです。

お菓子を食べたくなる

この摂取量の増加は、1食あたりの摂取量が変化していないことから、間食によるによるものだと推測されています。上海交通大学は、睡眠不足は間食を誘発することによって1日のエネルギー摂取量を増加させる可能性があると述べています。エネルギー消費量については、もととなる研究における調査方法がバラバラなため解析されませんでした。

また睡眠不足の場合、2週間のうちに体重が0・34kg増加したということです。2週間以内における0・34kgの体重増加は、長期的に考えると肥満につながります。

加えて、脳活動への影響では、睡眠不足は脳の報酬系である扁桃体～視床下部の活性を強めることが示されました。前に述べたように、報酬系の活性化は嗜好性にもとづく食欲を増進させます。よってお菓子などの超加工品を欲する食欲が止まらなくなるというわけです。

これまで述べた睡眠不足のデメリットから見れば、十分な睡眠がダイエットに不可欠なことは明らかです。

また、ダイエットをするときの睡眠時間は、アメリカ国立睡眠財団の推奨する成人の最適な睡眠時間である「7～9時間」を参考にしましょう。もちろん個人差はありますが、まずは「7時間」を目安にして、しっかり寝ることが重要です。

9　痩せる食事は筋トレの効果や睡眠の質を高める

睡眠と栄養素の関係

ここまで、痩せる食事、適度な運動、いい睡眠がダイエットに必要な要素であることをエビデンスにもとづいて説明してきました。ここでは食事、運動、睡眠の3つの要素が相互に作用し合い、その相乗効果がダイエットの真の成功に導くというエビデンスを紹介します。

ダイエットのために炭水化物を制限すると、脂肪量の減少だけでなく、筋肉量も徐々に減ってしまいます。この筋肉量の減少がリバウンドを引き起こす要因になります。そこで、筋肉量を増やして、リバウンドを防ぐために推奨されている運動が筋トレです。

しかしながら、筋トレをするだけでは、筋肥大は生じません。そこで重要になるのが「タンパク質」です。

タンパク質は、食欲を抑えて、食事誘発性熱産生を高めることによってダイエット効果を促進してくれる栄養素です。さらに筋トレによって筋タンパク質の合成感度が高まったときにタンパク質を摂取することによって筋肉を増やす効果を最大化してくれるのです。

タンパク質のもつ効果はこれだけではありません。近年の研究では「睡眠の質」を高めることがわかってきました。

睡眠の仕組みを知っておこう

睡眠は睡眠時間という「量」と、睡眠の深さという「質」に分けられます。

近年の睡眠栄養学は、食事や運動が睡眠の質に影響を与えるという研究結果が増えてきています。食事や運動と睡眠の関係について紹介する前に、まずは睡眠の質について解説します。

睡眠は時間帯によって大きく「レム睡眠」と「ノンレム睡眠」の2つに分けられます。

浅い眠りのときは、眼球がよく動き、脳も活動しているため夢を見たり、身体が動かないと感じる金縛りを経験したりします。この浅い眠りの時間帯を「レム睡眠」といいます。

一方、深い眠りになると眼球運動はなく、脳の活動も収まり、心拍数や呼吸数、血圧が低下してぐっすり眠っている状態になります。この時間帯を「ノンレム睡眠」といいます。ノンレム睡眠は、浅いノンレム睡眠である「ステージ1」「ステージ2」、深いノンレム睡眠である「徐波睡眠」に分けられます。

睡眠の質は、この睡眠構造の度合いで判断することができます。とくに深いノンレム睡眠である徐波睡眠が多くなることは「深く眠れている」ことを意味し、睡眠の質が高いことを示しています。

タンパク質の摂取が睡眠の質を高める

近年の睡眠栄養学で、睡眠にいい影響を与える栄養素として注目されているのが「タンパク質」です。

2020年、シンガポール国立大学は、これまでに報告された栄養素が睡眠に与える影響について研究しました。

その結果、睡眠不足で睡眠の質が悪い人と比べて、7時間以上の睡眠時間で睡眠の質が高い人はタンパク質の摂取量が多く、炭水化物や脂質の摂取量が低いと示されました。

この結果から、高タンパク質な食事は、睡眠時間や睡眠の質を高める可能性が明らかになっています。

では、なぜタンパク質の摂取量を増やすと、睡眠にいい影響を与えるのでしょうか？

その要因として挙げられているのが「トリプトファン」です。トリプトファンは9つある必須アミノ酸の1つであり、メラトニンの前駆物質になります。メラトニンは日中、強い光を浴びると分泌量が減少し、夜、暗くなると分泌量が増えます。メラトニンには脈拍や体温、血圧などを低下させることで睡眠の準備を行う作用があります。

このような背景から、タンパク質の摂取量を増やし、トリプトファンを十分に摂取させることにより、メラトニンの合成量が増加し、睡眠の質を高めることになるのです。

トリプトファンは、良質なタンパク質を含む鶏肉、魚豆類、ナッツやヨーグルトなどに豊富に含まれています。これらは「痩せる食品」でもあり、トリプトファンを豊富に含む食品を摂取することは、睡眠の改善とともにダイエットにも効果的なのです。

そして、トリプトファンがもっとも豊富に含まれているのが、ホエイプロテインです。

ホエイ由来のα－ラクトアルブミンは、トリプトファンの含有量が高いため、動物と人間の両方で睡眠の質を改善することが示唆されています。

タンパク質は食欲を抑え、筋トレによる筋肥大の効果を促進することから、ダイエットに有効なサプリメントであり、さらに、睡眠の質を高める効果も期待できるのです。

炭水化物や脂質も睡眠に影響を与える

睡眠の質に影響を与えるのはタンパク質だけではありません。

２０２１年、ニコシア大学が報告した炭水化物の摂取が睡眠の質に与える影響について解析した結果では、炭水化物の摂取量が少ないと深いノンレム睡眠である「徐波睡眠」が増加し、炭水化物の摂取量が多いと浅い睡眠であるレム睡眠が延長することが明らかになりました。

しかし、運動後では炭水化物の摂取量が多いほうが睡眠の質が改善されることもわかっています。これらの結果から、通常であれば炭水化物の摂取量を少なくし、運動後は摂取量を増やすことが睡眠の質を改善させることに寄与すると結論づけています。

脂質の摂取が睡眠障害のリスクに与える影響について、中国の大学が報告を出しています。オメガ3とオメガ6の摂取による睡眠障害のリスクへの影響を調査しました。

その結果、オメガ6とオメガ3の摂取割合（オメガ6：オメガ3）が高くなるほど、睡眠障害のリスクが増加する正の関連が示されました。またオメガ3の摂取量が増えるほど、睡眠障害のリスクが低下する負の関連が示されました。

これらの結果は、オメガ6の摂取量を増やさずに、オメガ3の摂取量を増やすことが睡眠障害のリスクを低下させることを示唆しています。

オメガ3は魚油やえごま油、亜麻仁油に多く含まれる「痩せる脂質」であり、痩せる脂質を多く摂取することが睡眠の改善に寄与するのです。

これらの研究結果から、タンパク質やオメガ3といった栄養素を含む痩せる食事を摂取することは、直接的なダイエット効果だけでなく、筋トレの効果を最大化し、睡眠の質を高めることによって相乗的にダイエット効果を促進することが期待できるのです。

10　良質な睡眠を取るための生活習慣

質のいい睡眠に欠かせないメラトニン

質のいい睡眠に欠かせないのが、睡眠ホルモンと呼ばれるメラトニンです。メラトニンの分泌は加齢とともに減るため、「若い頃のように長く眠れなくなった」というのは自然な現象です。また、毎日たっぷり眠っていても睡眠の質が悪いため、日中に強い眠気を感じているという人もいます。ここでは、スムーズな眠りのための生活習慣をお伝えします。

朝食にトリプトファン

メラトニンの生成を促すために大切なのが、トリプトファンです。トリプトファンは必須アミノ酸の一種で、日中は脳内でセロトニンに変化し、夜になると睡眠を促すメラトニンに変化します。

トリプトファンが多く含まれている食材は、主に大豆製品、乳製品、穀類などです。ほかにも、肉、魚、ごま、ピーナッツ、卵、バナナなどにも含まれています。

結局は品数を多くして、バランスをよくすることが大切で、パンとコーヒーだけや朝食抜きは睡眠の観点からもＮＧということになります。

日中に太陽の光を浴びる

メラトニンは朝日を浴びた14〜16時間後に分泌されて、眠気を誘います。つまり、スムーズな入眠はその日の朝の過ごし方から始まっているともいえるのです。できるだけ午前中や朝早い時間帯のうちに日の光を浴びておきましょう。

通勤時には太陽の光を浴びるように歩く場所を意識したり、朝食を日当たりのいい場所で食べたりするのもよいです。日光を直接浴びると体内でビタミンDが生成されますが、セロトニンに関してはガラス越しに日光を浴びたり、曇りの日に屋外へ出たりすることでも分泌されます。

奈良県立医科大学の研究では、「朝に限らず日中に明るい光を浴びるほど夜間のメラトニン分泌量が多い」という報告があります。

入浴は眠る60〜90分前

体温が下がると人は眠気を感じます。この生態反応を利用して入浴時間を設定すると、スムーズに眠りにつくことができるようになります。入浴によって上がった体温は1時間から1時間半ほどかけて下がっていくので、ベッドに入る60〜90分ほど前に入浴を済ませておきましょう。

また、熱すぎる湯温は交感神経を活性化させ目が冴えてしまう原因になるため、38～40℃が適温だとされています。

深部体温を上げるために、シャワーだけで済ませるのではなくできるだけ湯船に浸かるようにしましょう。

眠る時は真っ暗がおすすめ

アメリカ国立衛生研究所の調査によると、睡眠中の明るさと肥満には相関関係があることがわかりました。室内の照明かテレビをつけて寝ていた人は、5年の間に体重が5kg増える確率が高くなっているという結果です。

またBMIが25を超えるリスクは22～33%高くなりました。原因としては、寝ている間の光によってメラトニンが減り、体内時計のリズムが狂ってしまうことだと推測されています。

明るくないと眠れない人もいるとは思いますが、ダイエット視点で見ると明かりは消して眠るほうが得策です。テレビをつけっぱなしで寝ると太る！　と覚えておきましょう。

寝る直前のスマホは睡眠の質を下げる

寝る直前までスマホを見るのは、睡眠の質を下げるNG行為です。最近はユーチューブやネットフリックスなどの動画をスマホで見る人が増えています。ゲームもスマホでやることが増えました。

厚生労働省による「健康づくりのための睡眠指針2014」では、寝室に入ってから携帯電話を使うことについて注意喚起しています。寝る直前までスマホを使うことは、睡眠時間が短くなるだけでなく睡眠の質も下げるので、痩せたければやめましょう。

医療機器による調査では、84%の人が寝室にスマホを持ち込んでいるとのことで、少なくとも就寝の30分前からは電子機器を使用しないことを推奨しています。ついスマホを見てしまうという方は、寝る30分前になったらリビングでスマホを充電するなど、寝室に持ち込まない工夫をしましょう。

また、夕方以降にスマホやパソコンを使う場合は、夜間モード（ダークモード）に切り替えるのもおすすめです。夜間に強い光を浴びると脳が覚醒して、就寝モードに入りにくくなります。

照明に関しても同様で、家の蛍光灯などが明るさの調節ができるタイプであれば、夕方以降は照度を落としましょう。その他間接照明を取り入れるのも良いです。

11　健康的なダイエットは食事・運動・睡眠のバランスが大切

健康的なダイエットのベースとは

健康的な痩せる食事を摂ることは、エネルギーを補充し、運動のパフォーマンスを高めるとともに筋肥大の効果を最大化させます。また、豊富なタンパク質の摂取は睡眠の質を高めてくれます。

有酸素運動や筋トレを行うことは、過剰な食欲を抑えて、筋肉量を増やすことでリバウンドを防いでくれます。そして運動による適度な疲労は睡眠時間を増やし、睡眠の質を高めてくれます。

十分な睡眠は、意志力を改善させ、食べすぎを防ぎ、痩せる食品の摂取を促します。また運動のパフォーマンスを高めて、リバウンドの防止にも寄与します。

ここからわかることは、食事、運動、睡眠の３つの要素は相互に影響し合っているということです。とくに睡眠は食事管理や運動をするためのベースになります。睡眠不足ではどれだけ食事管理や運動を頑張っても限界を迎えてしまいます。まずは十分に睡眠をとってダイエットをするための土台をつくりましょう。

食事、運動、睡眠のバランスが健康をつくる

痩せる食品を日常の食事に取り入れると、満腹感が高まりやすく食欲を抑えてくれます。これによりエネルギー摂取量を減らしやすくなります。

ダイエットの初期であれば睡眠と食事管理で体重を減らすことができますが、長期的には「恒常性」が働くことによって徐々に体重が減りにくくなり、リバウンドが生じはじめます。そこで有酸素運動と全身性の筋力トレーニングを取り入れると恒常性による食欲の増大を抑えることができます。食事管理や運動を行うことで、さらに睡眠の質も高まり、しっかり眠ることができるでしょう。

このような食事、運動、睡眠とのよい相互作用を構築することができればダイエットを成功させる可能性が高くなるのです。

ダイエットに「これだけをすれば簡単に痩せる」という必勝法はありません。しかし現代の科学は、ダイエットを成功させるための知見を示してくれています。

これらのエビデンスにもとづいて日常の食事、運動、睡眠を見直し、健康的なライフスタイルをつくり上げることが、遠回りに思えても、ダイエットの真の成功への近道になるのです。

12 ストレスは肥満のもと

ストレス太りを防ぐ生活習慣

ストレス太りという言葉があるとおり、ストレスと肥満には深い関係があります。近年では、コロナ太りという言葉も広がりましたが、原因は運動不足だけではありません。イベントや外出の自粛、マスク着用などさまざまなストレスが大きな要因です。

ストレスで太る仕組みには、コルチゾールというホルモンが大きく関わっています。スコットランドで行われた調査によれば、コルチゾールの分泌量はＢＭＩやウエストサイズと強い相関関係にあることがわかりました。体重の多い人ほど、コルチゾールの分泌量も多く、特に腹部に脂肪が蓄積することも判明しています。

コルチゾールは心身がストレスを受けると副腎皮質から分泌されるので、「ストレスホルモン」とも呼ばれています。このように聞くと、コルチゾールは悪者だと思うかもしれませんが、元々は生物が身を守るために必要なホルモンです。動物が命の危機に遭遇すると、戦うか逃げるかのどちらかをする必要が出てきます。するとコルチゾールが分泌されて、筋肉や脳などの血流を増やし、戦うにしても逃げるにしても生き延びやすくしていたのです。

私たちも仕事の重要なプレゼンや面接前には「心拍数が上がる、胃がキュッとなる、手に汗をかく」などの反応が起きます。これはストレスが発生したときに起こる正常な反応です。

そして、危機を回避すると通常の状態に戻り、副交感神経の働きにより、ホッと落ち着いてお腹が空いたりします。大きな仕事を終えた後に食欲が増す経験は、多くの人がしていると思います。

もちろん、すべてのストレスが悪いわけではありません。適度なストレスは脳の活性化に役立ちますし、ストレスを乗り越えることで成長の機会や、やりがいにつながることもあります。

慢性的なストレスがダイエットを阻害する

問題なのは、慢性的なストレスによりコルチゾールが過剰に分泌されることです。コルチゾールによってインスリンも分泌されるので、消費されなかった糖は体脂肪として蓄えられやすくなります。

さらにストレスが長期間にわたると、コルチゾールを分泌する副腎が疲弊してしまい、副腎疲労症候群と呼ばれる状態になることもあります。副腎は多くのホルモンを作り・分泌している臓器なので、副腎疲弊は体調不良や病気につながります。

現代では、仕事が多忙なことや、オン・オフの切り替えがうまくできないことで、常にストレスにさらされている人が増えています。

慢性的なストレスが続くと、脳の理性を司る部分よりも感情を司る部分が優位になって、食欲が暴発するリスクが増えます。さらにストレスによって自律神経が乱れることでも、代謝の低下や体脂肪の蓄積などにつながるのです。

13 ストレス対策で痩せやすい身体に

ポジティブに解釈する習慣を身につける

では、ストレスにはどう対処したらいいのでしょうか？ ストレス管理は、ストレスを溜めないことと、うまく発散することの2つに分けて考えると対策しやすくなります。

ストレスを溜めないためにおすすめなのが、物事をポジティブに解釈する習慣です。ネガティブ思考の癖が強い人でも、ポジティブに解釈するのを繰り返すことで思考の癖が変わっていきます。

また、ストレスを発散するためには運動を定期的に取り入れることもおすすめです。

フィンランドで行われた調査では、「週に2回以上運動している人は、ストレスや不安とほぼ無縁」という報告があります。ただ注意点は、運動嫌いな人が「痩せるために今日も運動しなければ」など義務感を持ったり激しく運動をしすぎたりして、逆にストレスになってしまうことです。運動習慣がない人はまずは軽めで短時間の運動から始めてみてください。

食事以外のストレス解消法を見つけよう

急な食欲が出てきたときだけでなく、日常で発生するストレスの解消法も把握しておきましょう。例えばヨガや散歩などが好きな人の場合は、身体を動かしてストレス解消になるという点で、ダイエットに有効といえます。

また、仲がいい友達と出かけたり、趣味の音楽鑑賞や読書、ペットと遊ぶ、映画、カラオケ、ゲーム、お気に入りの番組を見る、なども効果があります。

私自身も休日は岩盤浴や温泉に行ったり、日常では運動の他にアロマを焚く、ハーブティーを飲む、ゆったりしたジャズやクラシックを聴きながら読書をするなど五感を刺激しながら身体をリラックスさせることでストレス解消になっています。

もし自分のストレス発散になることが思いつかない場合は、生活の中であなたにとってどのようなことがストレス発散になるか、リラックスになるかを意識してみてください。あとは新しいことにチャレンジしてみるのもおすすめです。食べること以外でのストレス解消法がわかると、一気に痩せやすくなります。

言い換えると、ストレスのコントロールができるようになると、心身ともに健康的なダイエットを進められるというわけです。

自分自身がどんなことでストレスを感じるのか、何をしたらリフレッシュできるのか、などぜひこの機会にストレスについて見つめ直してみてください。

14　幸せを引き寄せるダイエット習慣

幸せホルモン、足りていますか？

「甘いものがやめられない」「痩せたくても食べることがやめられない」などという人は、セロトニン不足によるドーパミンの過剰分泌が原因かもしれません。海外ではセロトニン系の抗肥満薬も開発されており、セロトニンを増やすことは肥満解消につながると考えられています。

セロトニンとは、脳内で働く神経伝達物質のひとつです。感情のコントロールや神経の安定に深く関わっていることから「幸せホルモン」とも呼ばれています。

セロトニンには満腹中枢を刺激して食べ過ぎを防ぐ作用や、ストレスの影響を軽減する働きがあります。さらには便秘解消、睡眠の質向上、低体温の改善などのダイエットに関連する効果も期待できます。

ダイエット習慣は、幸せホルモンを増やす

一方ドーパミンは、快楽や喜びを感じるときに分泌され、やる気や幸福感を高める作用がありま す。脳に「お腹が空いた、食べろ」と指令を出す摂食中枢を刺激する働きもあります。ストレスが強くかかるとドーパミンに対して耐性が生まれて、もっと強い刺激を欲するようになります。

結果、甘いものやアルコール、ギャンブル、スマホなどさまざまな依存症に陥ってしまう恐れもあります。

セロトニンを増やすためのキーワードは、日光、呼吸、食事、スキンシップなどです。日光が良質な眠りのために必要であること、呼吸や食事についてもダイエットと密接に関係していることは、これまでお伝えしてきたとおりです。要するにダイエット習慣は、幸せホルモンを増やすことにつながります。

習慣を身につけるためには、ストレスなく続けていくことが大切です。そのためには、ストレスだと感じさせないくらいの小さな改善を積み上げていくことがポイントです。基本的な知識や実践すべきハウツーは、この本でお伝えしてきました。

本書を読み終えたあなたがやることは、始めること、仕組み化を考えること、工夫すること、復習すること、諦めないこと、続けていくことです。

健康的なダイエットを成功させることで、きっと素晴らしい未来が待っています。ただ単に体重や体脂肪が減るだけではなく、生活習慣病のリスク軽減はもちろん、体力も向上しアクティブに日常を過ごすことができるようになります。そうすることで趣味や旅行なども思う存分楽しめますし、日々の生活の質が上がります。

ぜひ本書に書いてあることを実践し、心身ともに充実した幸福感のある生活を送ってもらいたいです。

おわりに

本書を最後までお読みいただきましてありがとうございます。いかがでしたでしょうか？　過度なカロリー制限や○○だけダイエットというものがいかに効果が薄いのか、そしてリバウンドにも繋がってしまうことがお分かりいただけたたと思います。

ただし、せっかく正しい知識を学んでも実践しなければ宝の持ち腐れになってしまいます。ダイエットにおいてもせっかく痩せる方法を学んでも行動しなければ、体型は何も変わりません。ぜひゆっくりでもいいので本書に書いてあることを1つずつ試してみてください。

ダイエットは一時的なイベントではなく、一生続く生活習慣です。ただ体重の数値を減らそうとするのではなく、筋肉を減らさずに体脂肪を減らすことや見た目の体型を変えること、そして健康状態がよくなることのほうがずっと大切です。

本書を執筆している最中にもダイエットを実践されているお客さまから、

「体重が減っただけでなく、健康診断の数値が凄く良くなりました！」

「身体が軽くなって体力もついたので旅行がとても楽しかったです！」

などの嬉しい声を沢山いただいています。このようにお客さまが喜んでいる姿を見ることが私自身パーソナルトレーナーとしての喜びであり生き甲斐です。

人間の身体は奥が深く、まだまだ解明されていないことも多いなどエビデンスも日々変わっています。私自身これからも実践を繰り返して、より確かな情報を届けられるように励んでいきたいと思います。

書籍に関してですが、本を1度読んだだけですべてを理解し、実践して継続できるという人は極めて稀です。また、読書はその時々の読み手の状況によっても、響く箇所が変わってきます。ですので、1か月に1度など定期的に本書を読み直して、すでに習慣化している項目や次に習慣化したい項目などを随時チェックしてみてください。

これを半年、1年も続ければ、多くの痩せ習慣がすっかり身につくはずです。そうなれば今後新しく登場してくるダイエットに関しても、冷静に本質を見極められるようになります。

ぜひ本書との出会いがあなたの「人生最後のダイエット」のきっかけになることを願っています。

最後に本書の制作に携わってくださった皆さま、ジムに通ってくださっているお客さま、協力してくださったスタッフの皆さま、いつも私を応援してくれている家族や友人にこの場を借りて心より感謝を申し上げます。本当にありがとうございます。

千葉　ゆうすけ

参考文献

『健康になる技術大全』（林英恵／ダイヤモンド社）
『HEALTH RULES　病気のリスクを劇的に下げる健康習慣』（津川友介／集英社）
『50歳を過ぎても体脂肪率10％の名医が教える　内臓脂肪を落とす最強メソッド』（池谷敏郎／東洋経済）
『最後のダイエット』（石川善樹／マガジンハウス）
『小さなダイエットの習慣』（スティーヴン・ガイズ／ダイヤモンド社）
『忖度なしの栄養学科学的根拠に基づいた「ボディメイク×ニュートリション」の新バイブル』（NEXTFITKento／ベースボール・マガジン社）
『科学的に正しいダイエット　最高の教科書』（庵野拓将／KADOKAWA）
『簡単！　箸置きダイエット　よく噛むとカラダは変わるココロも変わるどんどん変わる』（金城実／プレジデント社）
『ダイエットは習慣が9割』（増戸聡司／プチ・レトル）
『無理なくやせる〝脳科学ダイエット〟』（久賀谷亮／主婦の友社）
『人生を変える最強の食事習慣』（大池秀明／一般財団法人農林統計協会）
『オックスフォード式最高のやせ方』（下村健寿／アスコム）
『日本人の食事摂取基準（２０２０年版）』（厚生労働省）
『肥満症の総合的治療ガイド』（日本肥満症治療学会）

— 読者特典 —

本書をお読みくださったあなたへ

本書の内容を更に深めていただくために、以下のダイエットに関する動画やレポートをご用意しました。

この特典も活用していただくことであなたのダイエット成功、そしてその先にある健康習慣を作る手助けになれましたら幸いです。

☆本書でご紹介したエクサイズの解説動画
☆本書のダイエットのポイントをまとめたレポート(PDF)
☆ダイエットの効果を高めるおすすめメニュー(PDF)
など

無料動画・レポートはこちらから
※以下の QR コードを読み取るか URL からお入りいただけます
↓↓↓

https://lit.link/50dietmethod

※特典の配布は予告なく終了することがございます。予めご了承ください。

著者略歴

千葉　ゆうすけ（ちば　ゆうすけ）

パーソナルトレーニングジム
BodyMentoringStudio 代表トレーナー
1986 年秋田県横手市生まれ。
大学生時代初恋の人に「太ってて見た目がパッとしない」と言われてフラれた事をきっかけに肥満体型から－ 23kg減量。太りやすい体質でありながら、その後現在まで 16 年以上リバウンド無しの体型を維持している。
その自らの経験が基になり、ダイエットで悩む人たちを救いたいとの思いでパーソナルトレーナーとして活動を始める。これまでにトレーナーとして 13 年活動し、延べ 12000 人以上を指導。理論と経験をベースにお客さまの気持ちに寄り添いながら結果を出す指導法が定評となっている。
2022 年に横浜駅徒歩 7 分の場所にパーソナルトレーニングジム
BodyMentoringStudio ～ボディメンタリングスタジオ～を開業。
その他企業研修では某大手企業での健康講座の講師を担当。

※その他の情報はこちらから→

メタボ＆リバウンド卒業！
50代からのダイエット成功メソッド

2023年 10 月27日　初版発行

著　者　千葉　ゆうすけ　© Yusuke Chiba

発行人　森　　忠順

発行所　株式会社 セルバ出版
〒 113-0034
東京都文京区湯島 1 丁目 12 番 6 号 高関ビル 5 B
☎ 03（5812）1178　　FAX 03（5812）1188
https://seluba.co.jp/

発　売　株式会社 三省堂書店／創英社
〒 101-0051
東京都千代田区神田神保町 1 丁目 1 番地
☎ 03（3291）2295　　FAX 03（3292）7687

印刷・製本　株式会社 丸井工文社

Printed in JAPAN
ISBN978-4-86367-850-7